USAGES LOCAUX

DU

DÉPARTEMENT DE L'ORNE

(Extrait de l'Annuaire de 1859.)

ALENÇON

IMPRIMERIE A. LEPAGE, RUE DU COLLÈGE, 8

—

MDCCCLXXX

USAGES LOCAUX

DU

DÉPARTEMENT DE L'ORNE

(Extrait de l'Annuaire de 1859.)

ALENÇON

IMPRIMERIE A. LEPAGE, RUE DU COLLÉGE, 8

—

MDCCCLXXX

Ce travail, qui a été fait par ordre du Conseil général de l'Orne, est extrait de l'Annuaire du département pour 1859.

L'initiative de sa réimpression est due à M. Peret, mon prédécesseur, qui a fait les frais de presque toute la composition.

Son intention était d'en faire hommage aux officiers ministériels composant sa clientèle, j'ai suivi cette excellente idée et j'en ai fait tirer quelques exemplaires en plus pour les personnes qui désireraient posséder ce recueil d'une grande utilité pratique.

A. L.

USAGES LOCAUX
DU DÉPARTEMENT DE L'ORNE.

INTRODUCTION.

M. le Ministre de l'Intérieur, par une circulaire du 26 juillet 1844, a consulté les Conseils généraux de département sur la question de savoir s'il ne conviendrait pas que l'on s'occupât de constater et de recueillir, dans l'intérêt des services de l'administration et des tribunaux, les divers usages locaux auxquels se réfèrent certaines dispositions législatives. Le Conseil général de l'Orne, sur la proposition de M. le Préfet, a exprimé le vœu que ce travail fût entrepris pour le département et inséré dans l'Annuaire de 1846. C'est donc pour remplir les intentions du Conseil général que nous avons cherché à rassembler les éléments du recueil que nous publions aujourd'hui.

« La loi (avait dit M. le Ministre) donne à l'usage force de loi dans un grand nombre de cas. Le Code civil, en effet, a disposé que l'usufruit des bois (articles 590, 593); l'usage des eaux courantes (art. 644, 645); la hauteur des clôtures dans les villes et faubourgs (art. 663); les distances à garder entre les héritages pour les plantations d'arbres de haute tige (art. 671); les constructions susceptibles, par leur nature, de nuire au voisin (art. 674); les détails à observer pour les congés des locations et les payements de sous-locations (art. 1736, 1738, 1753, 1758, 1759); les réparations locatives ou de menu entretien (art. 1754, 1755); les obligations des fermiers entrants et sortants (art. 1777), auraient généralement pour règle *l'usage des lieux*, les *règlements particuliers, les coutumes*; de même, la loi du 28 septembre-6 octobre 1791, qui régit la police rurale, renvoie pour ce qui concerne le glanage, la vaine pâture, le parcours, *à l'usage local immémorial* et aux *coutumes*; de même encore, la loi du 14 floréal an XI subordonne *aux anciens règlements et aux usages locaux* l'exécution des travaux qui ont pour objet le curage des canaux et rivières non navigables et l'entretien des ouvrages d'art qui y correspondent. »

Ainsi les usages locaux pour le cas que nous venons de citer sont de véritables lois, et cependant, dans le département de l'Orne comme ailleurs, ces usages ne sont pas tous constants et uniformes. La plupart, au contraire, n'existent que par tradition, n'offrent pas assez de certitude ; on les connaît mal, on les interprète diversement, ils varient souvent aussi d'une localité à l'autre et sont même parfois contradictoires. Quelques-uns, à la vérité, se retrouvent dans nos coutumes écrites, mais on ne sait pas toujours s'ils subsistent encore ou s'ils ont été remplacés par les dispositions nouvelles de nos codes. En somme, c'est une matière fort obscure, et si l'interprétation du texte de nos lois soulève tant de difficultés, l'application d'usages qui ne vivent guère que dans la mémoire des hommes peut susciter aussi de sérieux embarras.

Nous ne pensons donc pas qu'on puisse contester sinon l'importance, du moins l'utilité de ce recueil. Bien qu'il soit nécessairement incomplet et que nous n'ayons pu d'ailleurs, malgré nos efforts, rassembler les usages de tous les cantons, nous espérons pourtant qu'il servira à fixer sur certains points la jurisprudence locale, et à prévenir, par conséquent, beaucoup de constestations et de procès.

Nous avons pris pour modèle les *Usages locaux du département du Tarn*, par M. Amédée Clausade; nous nous sommes servi de même cadre, et nous avons pour ainsi dire calqué notre travail sur le sien. Nous nous sommes aidés aussi, pour discuter plusieurs questions, de l'opinion des jurisconsultes les plus éclairés, et nous n'avons donné que rarement notre avis personnel. Enfin, nous devons beaucoup de renseignements précieux et d'excellents avis à MM. les juges de paix du département. C'est assez dire que nous ne prétendons pas nous attribuer ce qu'on pourra trouver de bon dans cette publication.

Sur les trente-six cantons dont se compose le département, il y en a huit pour lesquels les renseignements nous ont manqué ; ce sont ceux de Briouze, Écouché, Exmes, la Ferté-Fresnel, Gacé, le Merlerault, Mortrée (de l'arrondissemen d'Argentan) et Mortagne. Nous espérons que les personnes que nous avons consultées nous mettront plus tard à même de réparer cette fâcheuse omission.

Ainsi notre travail comprend tous les cantons des arrondissements d'Alençon et de Domfront, ceux de l'arrondissement de Mortagne, moins celui de Mortagne, et les cantons d'Argentan, Putanges, Trun et Vimoutiers seulement, pour l'arrondissement d'Argentan.

Quant à la division des matières, nous avons suivi le programme de M. le Ministre de l'intérieur, en rattachant toutefois la question de curage des rivières à celle de l'usage des eaux courantes, et afin d'épargner toute recherche, nous avons transcrit en tête de chaque paragraphe les textes de lois autorisant les usages locaux.

§ 1er

De l'usufruit des bois.

« Si l'usufruit comprend les bois taillis, l'usufruitier est tenu d'observer l'ordre et la quotité des coupes, conformément à l'aménagement et à L'USAGE CONSTANT DES PROPRIÉTAIRES, sans indemnité toutefois en faveur de l'usufruitier ou de ses héritiers, pour les coupes ordinaires, soit de taillis, soit de baliveaux, soit de futaie, qu'il n'aurait pas faites pendant sa jouissance.

« Les arbres qu'on peut tirer d'une pépinière sans la dégrader ne font aussi partie de l'usufruit qu'à la charge par l'usufruitier de se conformer aux USAGES DES LIEUX pour le remplacement. (Art. 590 du Code civil.)

« L'usufruitier profite encore, toujours en se conformant aux époques et à L'USAGE DES ANCIENS PROPRIÉTAIRES, des parties de bois de haute futaie qui ont été mises en coupe réglées, soit que ces coupes se fassent périodiquement sur une certaine étendue de terrain, soit qu'elles se fassent d'une certaine quantité d'arbres pris indistinctement sur toute la surface du domaine. (Art. 591 du Code civil.)

« L'usufruitier peut aussi prendre sur les

arbres des produits annuels ou périodiques ;
le tout suivant L'USAGE DU PAYS OU LA COUTUME
DES PROPRIÉTAIRES. » (Art. 593 du Code civil).

Les bois se divisent en bois taillis et en bois
de futaie. Toute plantation d'arbres forestiers,
aux termes de l'article 69 de la loi du 3 fri-
maire an VII et d'après la jurisprudence ac-
tuelle, est réputée taillis au-dessous de l'âge de
30 ans, à moins qu'il ne soit prouvé, par la
destination du propriétaire, qu'elle doit être
rangée dans la classe des futaies. Après trente
ans, le bois doit être considérée comme futaie.

Cette distinction règle les droits de l'usufruitier ; pour les taillis, il doit se conformer à
L'USAGE CONSTANT DES PROPRIÉTAIRES, c'est-à-
dire à l'usage actuellement reconnu par les habitants d'un canton ou d'une commune ; pour
les futaies, il est tenu de suivre l'usage des AN-
CIENS PROPRIÉTAIRES. Cette différence résulte de
celle qui existe entre les taillis et les futaies ;
les uns se coupant fréquemment, il est tout naturel de suivre l'aménagement et l'usage des
propriétaires actuels ; les autres, au contraire,
ne devant s'exploiter qu'à de longs intervalles
et pouvant acquérir autant d'importance que
le fond même, on doit avant tout respecter
l'usage des anciens propriétaires, et obliger

l'usufruitier à s'y conformer; d'où il résulte
que chaque cas particulier demande une solution spéciale, et que les usages locaux ne rè-
glent réellement pas l'usufruit des bois de futaies. Nous n'avons donc à nous occuper que
de ce qui concerne les bois taillis.

QUEL EST L'USAGE DES PROPRIÉTAIRES DES DIVERS
CANTONS DU DÉPARTEMENT QUANT A L'AMÉNA-
GEMENT DES BOIS ?

Le temps laissé entre chaque coupe varie
suivant l'étendue des propriétés et la qualité
du fonds. Dans les cantons d'Alençon, Courtomer, Sées, Athis, Jovigni, Messei, Laigle,
Longui, Moulins-la-Marche, Nocé, Rémalard,
le Theil. les petits bois se coupent ordinairement à 9 ans; à 11 et 12 ans dans le canton de
Carrouges; à 9 et 10 ans dans les cantons de
Putanges, Flers et Tinchebrai; à 9 et 12 ans
dans le canton de Trun; à 6 et 7 ans dans les
cantons de Domfront, Passais et B zoches; à 7
et 9 ans dans celui de la Ferté-Macé; à 8 et 9
ans dans le canton de Bellême; à 8 et 12 ans
dans celui de Pervenchères; pour le canton
d'Argentan où il y a peu de bois. et pour ceux
du Mêle, Vimoutiers et Tourouvre, l'usage est
tellement variable qu'on ne saurait assigner à

l'usufruitier d'autre aménagement que celui de son prédécesseur immédiat.

Quant à l'aménagement des bois taillis d'une grande étendue, l'usage est beaucoup plus difficile à constater, et les seuls renseignements offrant quelque certitude que nous ayons pu recueillir, ne concernent que les cantons ci-après : Alençon, Laigle et Sées, aménagement à 12 et 13 ans ; Carrouges, à 14 ; Rémalard, à 15 ; Nocé et Juvigni, à 15 et 20 ans.

COMBIEN LAISSE-T-ON DE BALIVEAUX PAR HECTARE ?

Dans les cantons d'Alençon, Sées, Argentan, Vimoutiers, Bizelhes, Pervenchères, Rémalard, le Theil et Tourouvre, et dans les communes de Neuilli-sur-Eure la Lande, les Menus et Saint-Jean-des-Meurgers (canton de Longni), l'usage est de laisser 22 baliveaux par hectare, conformément à l'ordonnance des eaux et forêts, de 1669 (1) ; les autres communes du canton de Longni sont régies par l'art. 70 du Code forestier, qui prescrit de conserver 30 ba-

(1) L'ordonnance de 1669 prescrivait de laisser 16 baliveaux par arpent, soit 32 par hectare, l'étendue de l'hectare surpassant de très-peu de chose celle de deux arpents anciens.

liveaux par hectare. Dans les cantons du Mêle, Domfront, Juvigni, Passais et Nocé, point d'usage constant. Dans celui de la Ferté Macé, l'usufruitier est tenu seulement de conserver les anciens baliveaux ; enfin, pour les autres cantons du département, l'usage ordinaire est celui-ci : Carrouges, 30 baliveaux par hectare, Courtomer, 50 ; Putanges, 125 ; Trun, 30 à 40 ; Athis et Tinchebrai, 200 ; Flers, 360 (1) ; Messei et Moulins-la-Marche, 50 à 60 ; Bellême, 36 à 40.

Pour les baliveaux anciens, l'usage établi par l'ordonnance de 1669, de les couper à quarante ans dans les taillis, paraît être tombé en désuétude ; l'usufruitier est donc tenu de se conformer à l'art. 70 de l'ordonnance d'exécution du Code forestier, qui règle que les baliveaux modernes et anciens (ceux de la dernière coupe et ceux des coupes antérieures) ne pourront être abattus qu'autant qu'ils seront dépérissants ou hors d'état de prospérer.

Les baliveaux laissés par l'usufruitier ne doivent pas se trouver réunis dans un coin du taillis, il faut qu'ils soient autant que possible

---

(1) Ce chiffre, bien qu'on nous en ait garanti l'exactitude, nous paraît trop élevé ; nous ne pensons pas qu'il puisse servir de règle.

à distance à peu près égale pour qu'ils ne nuisent pas à la pousse des nouveaux sujets.

Les coupes doivent être faites en temps de saison morte et non en temps de séve ; d'après l'usage général on peut les commencer en décembre et les terminer au plus tard a la fin du mois de mars suivant. Toutefois, dans le canton d'Athis, les chênes sont conservés intacts jusqu'a la fin de mai, époque à laquelle on les abat et on les pèle pour en avoir l'écorce qui est réduite en tan. Au mois de juin les ventes doivent être libres, et tout le bois coupé doit être enlevé ou placé de manière à ne pas nuire à la végétation.

QUEL EST L'USAGE EN CE QUI TOUCHE L'USUFRUIT DES PÉPINIÈRES ?

En général, dans le département, les pépinières sont jointes à des exploitations agricoles, et les arbres qu'on en tire servent seulement à remplacer ceux qui sont morts sur la ferme, ou à faire de nouvelles plantations. On continue ainsi jusqu'à l'entier épuisement de la pépinière, et l'on ne vend aucun des produits. L'usufruitier n'est donc tenu qu'aux soins ordinaires de culture. Cependant il y a quelques exceptions. Dans les cantons de Seés,

Putanges, Athis, Juvigni, Messei, Longni et Rémalard, l'usufruitier doit remplacer les arbres qu'il enlève et dont il fait son profit, par de jeunes plants de même essence. Ce mode nous paraît mauvais : les plants nouveaux doivent être étouffés par les anciens ou du moins arrêtés dans leur croissance. Il vaudrait bien mieux permettre de dépeupler entièrement la pépinière existante et obliger l'usufruitier à en créer une autre de même étendue ou à tenir compte au propriétaire de la valeur de la plantation qu'il aurait dû faire. Dans les cantons de Vimoutiers et de Laigle, il est d'usage de ne pas exiger le remplacement. Dans le canton de Domfront, l'usufruitier est tenu de faire une nouvelle pépinière contenant autant de jeunes sujets que d'arbres enlevés.

Dans le canton de Moulins-la-Marche, la jouissance des pépinières donne lieu à de sérieuses difficultés. Le remplacement ne s'opère pas toujours régulièrement ou ne satisfait pas le propriétaire, et n'est considéré d'ailleurs que comme chose illusoire. De là des procès qu'on ne peut guère terminer que par transaction, parce qu'il n'existe pas d'usage local, et que le Code civil ne contient pas non plus de dispositions précises. Il serait à désirer que le mode de jouissance usité dans le canton de

Domfront fût généralement adopté ; c'est sans aucun doute le meilleur.

Les cantons dont nous ne faisons pas mention n'ont que très-peu ou point de pépinières, et par conséquent pas d'usage constant.

QUELS SONT LES FRUITS ANNUELS OU PÉRIODIQUES QUE L'USUFRUITIER PEUT PRENDRE D'APRÈS L'USAGE DU PAYS OU LA COUTUME DES PROPRIÉTAIRES ?

La loi distingue deux sortes de fruits :

1° Les fruits annuels, dont la récolte doit nécessairement se faire dans le cours d'une année, sous peine de les perdre ou de n'en tirer qu'un profit très minime. Le moment de les recueillir est déterminé par le plus ou moins d'avancement de la saison, et ne peut guère être hâté ni différé. En conséquence, l'usufruit en est réglé plutôt par la force des choses que par l'usage des lieux, et il n'existe pas dans le pays de coutume relative à leur perception ;

2° Les fruits périodiques qui se reproduisent après un laps de temps plus long qu'une année, et dont la récolte pourrait ordinairement être différée sans qu'il y eût péril en la demeure. L'usage, quant à leur espèce, est à peu près uniforme dans le département et ne varie pas beaucoup non plus quant aux époques où l'usufruitier peut les prendre. Ils proviennent principalement de la coupe des haies et de l'élagage des arbres qu'on est dans l'habitude d'émonder ou d'*éteter*. Telle est la réponse qu'on nous a faite généralement. Mais par ces mots : *qu'on est dans l'habitude*, etc., doit-on entendre que le droit de l'usufruitier s'applique aux arbres qui ont été élagués déjà avant son entrée en jouissance et à ceux aussi connus sous la dénomination de *bois blancs*, que le propriétaire aurait jusqu'alors laissés intacts ? Nous penchons pour l'affirmative. Ces arbres, en effet (peupliers, saules, trembles et bouleaux), s'élaguent presque partout ; on les cultive autant pour leurs produits périodiques que pour la valeur qu'ils acquièrent lorsqu'ils ont atteint toute leur croissance ; l'élagage leur donne plus de vigueur, et l'usufruitier, en le pratiquant, fait acte de bon propriétaire.

Dans les cantons d'Alençon et d'Argentan, la coupe des haies et l'élagage des arbres ont lieu tous les 6 ou 9 ans, et plus ordinairement tous les 6 ans ; tous les 8 ou 9 ans dans le canton de Bellême, selon l'assolement quadriennal ou triennal des terres, et après 9 ans dans le canton de Moulins-la-Marche. Cette opéra-

2

tion se fait après 6 années dans tous les cantons que nous ne citons pas.

L'usufruitier ne doit jamais couper les maîtresses branches ou branches portant cœur, c'est-à-dire celles qui partent de la première bifurcation. Il ne doit pas non plus élaguer les chênes qui n'ont pas été ébranchés avant son entrée en jouissance. Il peut émonder jusqu'au tronc les *têtards* ou arbres tronqués. Il peut aussi couper sur ceux de haute tige, taillables ou non, les branches susceptibles de nuire à leur croissance, et sur les arbres fruitiers les branches trop basses qui gêneraient pour la culture du sol. Il doit couper les haies au ras de terre, en laissant le nombre de jets suffisants pour en reformer de nouvelles; s'il se trouve des *maîtres pieds* ou des baliveaux isolés, il est tenu de les conserver pour qu'ils deviennent des arbres de haute tige.

Les cantons qui produisent du genêt ne sont soumis à aucun usage. On s'en sert ordinairement comme de bois de chauffage, surtout pour le four, et on le laisse croître ordinairement jusqu'à 3 ou 4 ans. En tout cas, le genêt doit être mis au nombre des produits périodiques et appartenir à l'usufruitier.

Ce que nous avons dit de l'usufruit s'applique également au fermage, qui n'est le plus souvent qu'un usufruit dont le temps est limité entre les parties. Toutefois, on sait en quoi consiste la différence essentielle de ces deux modes de jouissance : le premier finit à la mort de l'usufruitier, le second passe à ses héritiers ou ayants cause ; d'où il suit que si l'usufruitier ne se conformait pas aux usages locaux et négligeait de faire les fruits siens en les récoltant, ils seraient perdus pour ses héritiers et appartiendraient au propriétaire.

D'un autre côté, s'il commettait des dégradations, s'il y avait de sa part défaut d'entretien, s'il récoltait en temps inopportun, il s'exposerait à voir cesser l'usufruit par l'abus qu'il aurait fait de sa jouissance. (Art. 618 du C. c.) Il a donc un double intérêt à se conformer exactement aux usages locaux.

§ II.

De l'usage des eaux courantes. — Du curage des canaux et rivières non navigables et de l'entretien des digues et ouvrages qui y correspondent.

« Celui dont la propriété borde une eau courante, autre que celle qui est déclarée dépendante du domaine public par l'art. 538, au titre de la distinction des biens, peut s'en servir à son passage pour l'irrigation de ses propriétés.

« Celui dont cette eau traverse l'héritage peut même en user dans l'intervalle qu'elle y parcourt, mais à charge de la rendre, à la sortie de son fonds, à son cours ordinaire. (Article 644 du C. c.)

« S'il s'élève une contestation entre les propriétaires auxquels ces eaux peuvent être utiles, les tribunaux, en prononçant, doivent concilier l'intérêt de l'agriculture avec le respect dû à la propriété ; et, dans tous les cas, les RÈGLEMENTS PARTICULIERS ET LOCAUX sur le cours et l'usage des eaux doivent être observés. (Art. 645 du C. c.)

« Il sera pourvu au curage des canaux et rivières non navigables et à l'entretien des digues et ouvrages d'art qui y correspondent, de la manière prescrite par les ANCIENS RÈGLEMENTS ou d'après les USAGES LOCAUX (Art. 1er, loi du 14 floréal an XI.) »

Les articles que nous venons de citer ne s'appliquent pas aux cours d'eau navigables ou flottables ; le Code civil les range dans le domaine public, et ils ne sont en aucune façon régis par les règlements particuliers et locaux. Ceux dont nous avons à nous occuper sont les cours d'eau non navigables ni flottables, qui longent ou traversent des propriétés et servent d'ordinaire à l'irrigation des prairies en même temps qu'au mouvement des usines.

A l'égard de ces derniers, on ne s'accorde pas sur la question de savoir s'ils appartiennent au domaine public ou si la loi les a laissés dans le domaine privé. Quelques auteurs prétendent que les riverains sont propriétaires non-seulement du courant, mais encore du lit des petites rivières ; qu'en conséquence l'Administration n'a sur eux qu'un simple droit de surveillance à exercer, et cela dans l'intérêt public ; qu'elle ne peut dans aucun cas les déposséder sans indemnité, ni de la jouissance de l'eau, ni de celles des usines ; que la demande d'autorisation pour en créer de nouvelles n'est pas nécessaire, etc.

L'art. 538, en effet, ne place dans le domaine public que les rivières navigables et flottables, et semble en exclure par cela même celles qui ne le sont pas. L'art. 664 permettant au propriétaire de l'héritage traversé par un cours d'eau d'en user comme il lui platt, sauf à le rendre à la sortie à son cours naturel, paraît établir en sa faveur un droit formel de propriété, grevée, il est vrai, d'une obligation établie dans l'intérêt général, mais qui n'en est pas moins pour cela une propriété réelle. De plus, si l'article 560 attribue à l'Etat les îles nées dans les cours d'eau navigables et flottables PARCE QU'IL EST PROPRIÉTAIRE DU LIT, on peut dire que c'est en vertu du même principe que l'art. 561 attribue aux riverains celles qui se forment dans les cours d'eau non navigables ni flottables. Enfin les riverains profitent de l'alluvion et de la pêche. Par tous ces motifs, a-t-on dit, on doit les considérer comme propriétaires du courant et du lit même des rivières qui ne sont pas mises expressément par la loi dans la dépendance du domaine public.

Cette doctrine a été constamment repoussée par l'Administration.

Les rivières non navigables ni flottables appartenaient autrefois aux seigneurs hauts justiciers ; ils y exerçaient au moins une portion de la puissance publique, en donnant, par exemple, l'autorisation d'établir des usines, en réglant la hauteur des vannes et déversoirs, en disposant du droit de pêche. Cette puissance, par suite de l'abolition du droit féodal, a passé de leurs mains dans celles de l'Etat, et la loi des 22 décembre 1789 et 1er janvier 1790 a donné au pouvoir exécutif l'administration des rivières, sans distinguer entre les rivières navigables ou flottables et les autres.

Si l'art. 538 semble exclure du domaine public les cours d'eau non navigables ni flottables, l'art. 644 n'en donne pas pour cela la propriété aux riverains. Leurs droits relatifs à la jouissance de l'eau sont de véritables droits d'usage, bien différents de ceux que la loi reconnaît au propriétaire d'un terrain dans lequel une source prend naissance. Celui-là peut user des eaux à son gré, tandis que le riverain ou celui dont l'héritage est traversé doit les rendre à leur cours naturel à la sortie de son fonds.

Quant à l'art. 561, qui déclare que les îles nées dans une rivière non navigable ni flottable appartiennent aux riverains, on n'en doit pas conclure qu'ils soient propriétaires du lit. C'est une concession que l'Etat fait aux particuliers à cause du peu d'importance de son objet. Cela est si vrai, qu'aux termes de l'article 563, dans le cas où une rivière navigable, flottable ou NON se forme un nouveau cours en abandonnant son ancien lit, les propriétaires du fonds nouvellement occupé prennent, à titre d'indemnité, l'ancien lit abandonné ; ce qui ne pourrait avoir lieu si l'ancien lit appartenait aux riverains.

De plus, lorsque le Gouvernement rend une rivière navigable, il ne doit l'indemnité aux riverains qu'à raison du chemin de halage et de la suppression de la pêche. (Décret du 22 janvier 1808 et loi du 15 avril 1829.)

Enfin le droit d'alluvion leur est commun avec les riverains des fleuves et rivières navigables qui sont incontestablement du domaine public : donc on ne peut en rien conclure pour la propriété du lit. Et quant au droit de pêche, qu'on le considère soit comme un simple droit d'usage, soit comme une véritable propriété, on ne peut en inférer que les riverains soient propriétaires des rivières non navigables ni flottables, puisque l'Etat peut toujours s'en emparer sans être tenu de payer d'autre indemnité que celle spécifiée ci-dessus.

Telles sont, en résumé, les raisons de droit produites dans les deux systèmes. Quel que soit le parti qu'on prenne, il est certain qu'en vertu des articles de lois et du décret déjà cités, des lois du 22 décembre 1789 (sect. 3, art. 2), 20 août 1790 (chap. 6), 6 octobre 1791 (tit. 2, art. 15 et 16), 14 floréal an XI, 16 septembre 1807, et d'une foule d'arrêts du Conseil d'Etat et de la Cour de cassation, l'Administration exerce un pouvoir très-étendu sur les cours d'eau non navigables ni flottables. Aussi l'autorité administrative règle la jouissance du droit d'irrigation, fixe la hauteur des

eaux et détermine celle des barrages, vannes
et déversoirs des usines, quelque ancien que
soit l'état des choses, et nonobstant tous titres
et prescriptions contraires. Elle donne ou refuse,
selon qu'il est jugé convenable, l'autorisation
d'établir de nouvelles usines, et l'acte de concession porte ordinairement la clause que, dans
le cas où l'Etat rendrait la rivière navigable,
l'usine serait démolie sans indemnité.

Néanmoins ce pouvoir presque absolu ne
s'exerce pas sans garanties. Ainsi les arrêtés du
préfet, relatifs aux irrigations, peuvent être
déférés au ministre des travaux publics et au
Conseil d'Etat. Dans les règlements d'usines,
il est ouvert une enquête *de commodo et in-
commodo* ; un ingénieur ordinaire et un ingénieur en chef sont chargés de faire des propositions relatives à la hauteur et à la dimension
des barrages, ainsi qu'au nombre des vannes
de décharge ; ces propositions sont communi-
quées aux parties intéressées pour qu'elles ré-
clament s'il y a lieu, puis le préfet donne son
avis en forme d'arrêté, et enfin une ordonnance royale, rendue en Conseil d'Etat, sanc-
tionne ou modifie le projet de règlement. Ordinairement l'ordonnance réserve les droits
des tiers, c'est-à-dire que le propriétaire qui
jouirait, par exemple, d'une servitude légiti-

mement acquise et dont la suppression serait ordonnée, conserverait une action en dommages-intérêts contre celui qui profiterait de cette suppression.

Les ordonnances autorisant l'établissement d'usines ne sont également rendues qu'après l'accomplissement de nombreuses formalités et une instruction très-minutieuse. La clause de suppression sans indemnité, si le cours d'eau devenait navigable, paraît au premier abord exorbitante; mais il faut remarquer qu'au moment où l'Etat accorde la concession, il a droit de s'emparer gratuitement des eaux pour la navigation; il ne fait donc que conserver ce même droit, et ne profite pas en réalité de la clause onéreuse imposée au concessionnaire. C'est à celui-ci de juger si la destruction éventuelle de son établissement n'offre pas de chances trop défavorables.

Quant aux usines établies avant 1790, en vertu de permission légale et dont l'existence sans trouble avait acquis alors la prescription trentenaire, il paraît constant que le Gouvernement ne peut en ordonner la destruction sans indemnité. D'où il suit que l'Administration, en autorisant tel propriétaire à conserver une usine ancienne, confirme seulement ses droits, et que la clause de suppression ne lui est plus applicable.

Ici s'élève une grave difficulté : si l'Etat doit une indemnité pour la destruction de l'usine, dans le cas par exemple où il rend la rivière navigable, ne devra-t-il pas aussi indemniser le propriétaire lorsqu'il l'obligera à abaisser son déversoir dans l'intérêt des riverains ? L'abaissement, en effet, est une destruction partielle, puisqu'il diminue la force du cours d'eau ; et cependant, en pareil cas, l'Etat n'accorde pas d'indemnité. Cela vient de ce que, quelque ancienne qu'on suppose l'usine, les droits des riverains étaient nécessairement préexistants ; en l'établissant, on a modifié le cours naturel des eaux, mais on n'a pas dû exposer les propriétés à des inondations dangereuses ; la concession a dû se faire à condition qu'elle ne deviendrait pas nuisible aux riverains, et qu'elle ne porterait aucune atteinte à leur jouissance. C'est là le point de départ, c'est là qu'il faut revenir et que l'Administration peut toujours ramener le propriétaire de l'usine. Aussi voyons-nous quelquefois des ordonnances d'autorisation réformées, quand il est reconnu que les effets d'une concession sont préjudiciables aux propriétés riveraines.

Nous ne nous étendrons pas davantage sur

cette matière qui ne se rapporte qu'indirecte-
ment au sujet de ce paragraphe, et nous reve-
nons aux questions d'irrigation et de curage.

Nous ne connaissons que deux règlements
relatifs aux irrigations et au curage dans le
département, l'un de M. Marle, ancien inten-
dant de la généralité d'Alençon, et l'autre de
M. de Lamagdelaine, préfet de l'Orne.

Celui de M. de Marle fixe la hauteur des
eaux de la Sarthe, et détermine la largeur du
lit de la rivière, depuis la paroisse de Saint-
Etienne-au-Perche jusqu'à celle du Mêle inclusivement. Il contient en outre des dispositions
très-importantes pour la fixation de la hauteur
et de la dimension des barrages, et comme il
intéresse au plus haut degré un grand nombre
de propriétaires de prairies et de moulins,
nous croyons indispensables de le faire connaître en entier.

*Ordonnance portant règlement pour la rivière
de Sarthe, depuis la paroisse de Saint-
Etienne-au-Perche jusqu'à celle du Mêle.*

BERNARD-HECTOR DE MARLE, chevalier, sei-
gneur de Versigny, conseiller du roi en ses
Conseils, maître des requêtes ordinaire de son
hôtel, commissaire départi pour le service de

Sa Majesté en la province de Normandie, généralité d'Alençon,

Vu par nous l'arrêt du Conseil d'État du premier juillet mil six cent soixante-neuf, intervenu sur la requête des particuliers riverains de la rivière de Sarthe, depuis la paroisse Saint-Étienne, sous le baillage et maîtrise du Perche, jusqu'au bourg du Mesle sous le baillage et maîtrise d'Alençon, par lequel, sur la remontrance faite à Sa Majesté que le lit de la rivière se trouvant presque entièrement comblé de terre et de fange depuis plusieurs années, par suite des ravines qui tombent des montagnes, les moindres pluies la font déborder, et, inondant toutes les prairies voisines, les rendent presque inutiles quoique d'un revenu très-considérable ; et d'ailleurs la dite rivière, faisant séparation des provinces de Normandie, du Perche et du Maine sous trois différentes maîtrises, le mal demeure sans remède par la difficulté qu'il y a d'assembler un si grand nombre d'officiers pour faire travailler concurremment au nettoiement de la dite rivière ; Sa dite Majesté aurait renvoyé les parties par-devant nous pour leur être pourvu en connaissance de cause, nous en attribuant à cette fin toute juridiction et connaissance.

Notre ordonnance du vingt-sept avril dernier, par laquelle nous aurions ordonné que, par Gilles Truel, écuyer, sieur de Beauvais, maître particulier des eaux et forêts d'Alençon, procès-verbal serait dressé de l'état de la dite rivière, depuis la paroisse Saint-Étienne jusqu'au bourg du Mesle, et des désordres qu'elle peut avoir causés jusqu'à présent et qu'elle pourrait causer à l'avenir ; dans lequel procès-verbal il sera fait mention des causes des débordements de la dite rivière, s'ils arrivent par la trop grande hauteur des écluses des moulins assis sur icelle, ou par les ravines qui tombent des montagnes et terres voisines, ou si quelques particuliers ont entrepris de détourner la dite rivière de son lit naturel, et fait distinction de ce qui doit être réparé par les dits riverains et par les propriétaires des dits moulins, ou par ceux qui auraient détourné le cours de la dite rivière ; et à cette fin que notre dit délégué se ferait assister d'un ou deux experts à ce connaissant pour niveler l'eau retenue par les dites écluses ;

Procès-verbal dressé en conséquence par notre dit subdélégué, le trente août dernier et jours suivants, contenant la visite par lui faite en présence des dits riverains et propriétaires des dits moulins à ce dûment appelés ;

Ensemble les avis sur ce qui doit être fait

pour les réparations et nettoiements de la dite
rivière ;

Ouï le rapport de notre dit subdélégué et
tout considéré :

Nous commissaire susdit, en vertu du pouvoir à nous donné par SA MAJESTÉ, par le dit
arrêt du conseil du dit jour premier juillet mil
six cent soixante-neuf, faisant droit sur le dit
procès-verbal, AVONS ORDONNÉ que les propriétaires des héritages joignant la dite rivière de
Sarthe, tant du côté de la Normandie que du
Perche, depuis le moulin du *Prey*, situé en la
paroisse de Saint-Etienne-au-Perche, jusqu'au
Mesle, sur laquelle rivière sont assis dans la
dite étendue les moulins du *Chesne*, du *Mesnil*,
de *Pluviers*, de *Soligny*, de *Longpont*, du
Guey, de *Lormoye*, de *Buré*, de *Gournay*, et
celui du *Mesle*, feront curer et nettoyer la dite
rivière, et en feront tirer et ôter la terre, fange
et herbes et autres immondices, qui seront je-
tées à un pied et demi loin des bords, afin
qu'elles ne retombent dans son lit au temps de
l'hiver et des pluies; feront arracher les saules,
aunes et autres arbres qui en empêchent le
cours, et la rendront des largeurs et profon-
deurs ci-après aux endroits où elle en aura
moins; à savoir : depuis le moulin du *Prey*,
jusqu'à celui du *Chesne*, de treize pieds de lar-

geur et quatre pieds de profondeur ; depuis le
dit moulin du *Chesne*, jusqu'à celui du *Mesnil*,
de quatorze pieds de largeur et quatre pieds de
profondeur ; depuis le dit moulin du *Mesnil*,
jusqu'à celui de *Pluviers*, et depuis le moulin
de *Pluviers* jusqu'à celui de *Soligny*, et encore
depuis celui de *Soligny* jusqu'à celui de *Longpont*, de quinze pieds de largeur et cin ¡ pieds
de profondeur ; depuis le dit moulin du *Longpont* jusqu'à celui du *Guey*, et depuis le dit
moulin du *Guey* jusqu'à celui de *Lormoye*, et
encore depuis le dit moulin de *Lormoye*, jusqu'à celui de *Buré*, de seize pieds de largeur
et cinq pieds de profondeur ; depuis le dit moulin de *Buré*, jusque au lieu où le ruisseau de
Radrel entre en la dite rivière de Sarthe,
nommé l'*Assemblée*, de dix-huit pieds de largeur et cinq pieds de profondeur ; depuis le
dit lieu de l'*Assemblée* jusque au moulin de
Gournay, et depuis le dit moulin de *Gournay*,
jusqu'à celui du *Mesle*, de vingt-deux pieds de
largeur et six pieds de profondeur ; et pour cet
effet la terre qui s'est amassée contre les deux
rives sera pareillement ôtée, et si cela ne suffit
pas pour la rendre des largeurs susdites, elle
sera élargie par les dits propriétaires chacun de
son côté également, et après que la dite rivière
aura été réparée, nettoyée et élargie, *les arbres*

qui se trouveront plus près de ses bords que
d'un pied, seront coupés et abattus, et défense
à l'avenir d'en planter plus près que de deux
pieds.

Seront les propriétaires des dits moulins
tenus de faire curer et nettoyer leurs chaussées et écluses à leurs frais; et pour faciliter
le nettoiement de la dite rivière elle sera détournée premièrement entre le moulin du Pré
et celui du Chesne, dans les prairies voisines,
par les lieux les moins dommageables; depuis
le moulin du Chesne jusqu'à celui de Pluviers,
l'eau de la dite rivière sera détournée au bout
de la chaussée du dit moulin du Chesne, du
côté du Percho et conduite par Chailloué jusque proche la chaussée du dit moulin de Pluviers; depuis le dit moulin de Pluviers jusqu'à
celui de Soligny, par les prés qui sont entre
deux; au-dessous du dit moulin de Soligny et
proche icelui on détournera la dite rivière et
on lui fera prendre son cours autour des prés
du sieur Ponteau, sis du côté du Perche; au
bout des dits prés l'eau sera détournée dans la
prairie des Courtrais pour passer sous le pont
de pierre et entrer en la vieille rivière proche
le moulin de Longpont. L'eau de la dite rivière
de Sarthe et de la petite rivière de Bezoches
qui entre dans l'écluse du moulin de Longpont

sera aussi détournée aux portes et esseanx du
dit moulin de Longpont, pour passer au dit
pont de pierre par la dite vieille rivière et suivre icelle jusqu'au coin de la Bigouère, puis
on la fera entrer dans les vieux chemins pour
aller tomber dans la prairie nommée la Petite-
Rivière de-Coulonge, et ensuite au lieu nommé
l'Assemblée où le ruisseau de Radrel se joint à
la dite rivière de Sarthe, un peu au-dessus du
dit moulin de Gournay ; et pour le détour de la
dite rivière entre le moulin de Gournay et le
moulin du Mesle, il sera fait des fossés qui s'y
rencontrent et par les portes et esseaux du dit
moulin du Mesle.

Avons aussi ordonné que le ruisseau de Radrel sera incessamment curé et nettoyé depuis
le lieu nommé le Clos-Cousin, jusques au grand
pont, et depuis le grand pont jusqu'au lieu dit
de l'Assemblée où il entre dans la rivière de
Sarthe, de la même manière et avec pareilles
observations et circonstances qu'il est dit pour
la dite rivière de Sarthe, à la réserve qu'il ne
lui sera donné que dix pieds de largeur et
quatre pieds de profondeur et seront les fossés
qui ont leur ouverture dans le dit ruisseau
bouchés, afin que l'eau ne déborde pas par les
dus fosses dans les prairies voisines, avec défense à toutes personnes de détourner l'eau du

dit ruisseau de son lit ordinaire et de faire aucunes chaussées ni élévations de terre qui empêchent l'évacuation des eaux des dites prairies lors des grandes inondations. Sera pareillement curé et nettoyé le lit de la vieille rivière, depuis les portes ou esseaux du moulin de Longpont jusques au lieu où elle rentre dans la rivière de Sarthe qui passe au dit moulin, et lui sera donné huit pieds de largeur et quatre de profondeur. Sera aussi curé et nettoyé le ruisseau d Ermes, depuis le lieu nommé le Toyan jusqu'au dessous du moulin de Biré où il entre en la dite rivière de Sarthe, et lui sera donné six pieds de largeur et trois pieds de profondeur, et sera le fossé qui boit en icelui, au coin de la prairie des Orgeries, bouché ; ordonnons que le fossé que le sieur Dutertre de Villereau a fait faire entre son pré nommé les Chapelles et la grande prairie de Coulonge, par le moyen duquel l'eau du petit ruisseau qui entre dans la dite rivière de Sarthe, proche le moulin du Guey, est détournée, ce qui cause des débordements sur les prairies voisines, sera bouché et rempli au coin du dit pré des Chapelles, afin que l'eau du dit ruisseau ait son cours libre dans la dite rivière. Sera bouché un fossé fait de nouveau entre l'héritage de M. Damiens Dupré, prêtre de la paroisse de Laleu, et celui de Mgr l'évêque de Seès, et un autre qui est entre l'héritage du Chapitre et celui d'Alexandre Lefrère. Le ruisseau qui sort de l'étang de la Bonde, qui avait ci-devant son cours au-dessus du parc du Fresnes et des fiefs de Boré et tombant dans le ruisseau d'Ermes, ayant été détourné, sera remis en son premier état. Sera aussi bouché le fossé fait près de l'embouchure du ruisseau d'Ermes, dans la rivière de Sarthe, au dessous et proche le dit moulin de Boré; le fossé fait entre le parc Cabot, appartenant aux chanoines de Toussaint de Mortagne, et la prairie du Charbonnel, appartenant à M. Martin de Bois-Gallis, sera bouché et rempli joignant la rivière de Sarthe; avons néanmoins permis au dit Martin de Bois-Gallais de faire une petite ouverture à la dite rivière de Sarthe avec un bout de fossé dans sa prairie du Charbonnel, pour en tirer les eaux lors des grandes inondations, à la charge de faire mettre une pale fermant à clef à la dite ouverture qui n'ouvrira que lorsque l'eau de la dite rivière sera basse pour faire écouler dans icelle l'eau de la prairie.

A l'égard des dits moulins nous avons ordonné qu'il sera fait à chacun d'iceux des échantillons pour l'écoulement des eaux qui *seront de six pouces de roi plus bas que la*

superficie des prairies qui sont au-dessus du
commencement des chaussées des dits moulins,
suivant l'usage des dites provinces de Normandie et du Perche, en sorte aussi que
l'échantillon de chaque moulin ne fisse regor-
ger l'eau de plus d'un pied sur la roue du
moulin qui est au-dessus ; et pour cet effet ils
seront placés au niveau par experts et gens à
ce connaissant. Pour la longueur des dits
échantillons, elle sera proportionnée à la largeur de la rivière ; savoir : ceux du moulin du
Chesne, du *Mesnil*, de *Pluviers* et de *Soligny*
auront quinze pieds de longueur, celui du
moulin de *Longpont* aura pareille longueur
de quinze pieds et sera placé joignant les portes ou esseaux du moulin, afin que l'eau qui
passera par dessus entre dans l'ancien lit de la
rivière ; celui du moulin du *Gory* aura aussi
quinze pieds de longueur et sera placé au-dessus du dit moulin au bout d'un jardin qui en
dépend du côté du Perche, parce qu'autrement
l'un se perdrait pour les moulins de Lormoye
et de Buré qui sont au-dessous, en dédomma-
geant néanmoins au dire d'experts les particuliers qui ont des héritages joignant le lieu
où sera fait le dit échantillon. Celui du moulin
de *Lormoye* sera pareillement de quinze pieds
de longueur et placé du côté du Perche sur

l'héritage de René Mabille, en le dédomma-
geant au dire d'experts, étant le lieu le plus
commode et utile au public et au propriétaire
du moulin de Buré, d'autant que s'il était du
côté de Normandie, les particuliers de la dite
province ne pourraient passer pour y aller
moudre leurs grains, et l'eau qui passerait sur
le d t échantillon ne rentrerait dans la dite rivière qu'au-dessous du dit moulin de Buré.
Celui du moulin de *Buré* aura seize pieds de
longueur, et après qu'il aura été fait et placé,
le petit échantillon qui est proche du moulin
de Lormoye sera ôté, et l'entrée du fossé où il
est, bouchée. Ce ui du moulin de *Gournay*
aura vingt pieds de longueur, et sera placé à
quatre ou cinq perches au-dessus du dit mon-
lin, du côté du Perche ; et celui du moulin du
Mesle sera aussi fait de vingt pieds de longueur
et placé sur un petit jardin qui dépend du dit
moulin.

Sera loisible aux propriétaires des dits moulins de faire faire les dits échantillons de
pierre ou de bois selon la commodité des lieux;
si de pierre, ils seront faits de maçonnerie, et
pavés de tablettes de pierre de taille en sorte
que le tout soit solide et ne puisse être haussé;
s'ils sont faits de bois, ils seront bâtis sur trois
pièces de bois d'un pied en carré au moins,

assemblées en sorte qu'elles soient fixes et solides et pavés dessus d'ais ou planches bien jointes et attachées aux dites pièces de bois avec chevilles et clous, afin qu'on ne les puisse hausser. faisant défense aux menniers, après que les dits échantillons auront été placés, de mettre aucune hausse sur iceux, soit de terre, planches, fumiers ou autre chose, à peine de cinquante livres d'amende en leur propre et privé nom, pour la première fois ; cent livres pour la seconde, et pareille somme de cent livres pour la troisième avec bannissement des dites provinces de Normandie et du Perche ; desquelles amendes il appartiendra la moitié au dénonciateur ; et d'autant qu'il est nécessaire pour faire écouler les eaux quand elles viennent en trop grande abondance et pour mettre la rivière bas lorsqu'il faut la curer et nettoyer même pour la réparation des moulins d'y avoir des portes ou esseaux, nous avons ordonné qu'il en sera fait aux moulins où il n'y en a point. Lesquelles choses seront exécutées incessamment par les propriétaires des dits moulins et héritages joignant la dite rivière, chacun à son égard, en sorte que le tout soit achevé dans le deuxième jour d'octobre prochain, à peine de l'amende au cas appartenant. Et afin qu'aucun n'en prétende cause d'ignorance et que l'on ait à y satisfaire, sera notre ordonnance lue et publiée aux prônes des messes paroissiales des paroisses dans lesquelles passent la dite rivière de Sarthe et les dits ruisseaux, tant de Normandie que du Perche, par les curés des dites paroisses ou leurs vicaires qui en enverront leurs certificats en notre greffe à peine d'en répondre en leurs privés noms.

Fait à Alençon le 17e jour de septembre 1673.

Signé : DE MARLE.

Et plus bas, par mon dit sieur,

Signé : DE MOUY.

Ce règlement contient, comme on le voit, des dispositions importantes. Il prescrit : 1° non-seulement de curer et de nettoyer la rivière, mais encore de la creuser et de l'élargir en prenant sur les rives si le curage ne suffit pas à lui donner la profondeur et la largeur indiquées ; 2° d'abattre tous les arbres plantés à moins d'un pied des bords, et d'en écarter les nouvelles plantations de deux pieds au moins ; 3° de rendre à leur cours naturel plusieurs ruisseaux qu'on avait détournés, et de combler les fossés creusés en communication avec la rivière, pour servir sans doute à l'irrigation des prairies ; 4° d'établir des *échantillons* de longueurs progressives à six pouces de roi plus bas que la superficie des prairies situées au-dessus du commencement des chaussées des moulins ; 5° enfin d'ouvrir près des dits moulins des portes ou esseaux destinés à faciliter l'écoulement des eaux, à empêcher le vasement des prairies et à baisser la rivière pour faciliter par la suite l'exécution des travaux de curage.

Toutes ces dispositions, sauf celle relative à la fermeture des fossés, qui semble interdire la faculté d'employer les eaux aux irrigations et qui par conséquent est en opposition avec l'art. 644 du C. c., doivent encore faire loi entre les intéressés.

En effet, les prescriptions relatives au curage, à la plantation des arbres sur les rives, et à la défense de détourner les eaux, sont conformes aux principes sur la matière et validées par la loi du 14 floréal an XI et les articles 671, 644 et 645 du Code civil.

Quant à la fixation de la hauteur des déversoirs et à l'établissement des vannes de décharge, l'ordonnance de M. de Marle doit être considérée comme un acte d'autorisation fait en son temps dans les limites des pouvoirs attribués aux intendants ; comme un titre régulier, en vertu duquel les propriétaires de moulins ont pu continuer à jouir de leurs usines à certaines conditions, et dont ils peuvent se servir entre eux ou contre les riverains ; comme un véritable règlement d'eau qu'ils pourraient opposer à l'Administration même pour ne pas être dépossédés, le cas échéant, sans indemnité.

Mais l'Administration aurait-elle le droit aujourd'hui, soit d'office, soit sur la demande des intéressés, de changer l'état des choses ? d'augmenter, par exemple, les voies d'écoulement pour empêcher le vasement des prairies, en ordonnant d'abaisser les déversoirs ou d'ouvrir de nouvelles vannes de décharge ? Nous n'en doutons pas, car les ordonnances rendues actuellement en forme de règlement d'administration publique, sont susceptibles d'être réformés, et le sont quelquefois en effet. A plus forte raison pourrait-on obtenir la révision et la modification de l'ordonnance de M. de Marle, qui d'ailleurs est incomplète et défectueuse à beaucoup d'égards.

Le contre-bas de six pouces de roi, donné aux déversoirs par rapport aux prairies, et très-probablement insuffisant pour les préserver même des inondations moyennes ; la largeur et

la hauteur des vannes de décharge ne sont pas
fixées ; le niveau auquel les eaux doivent ê re
maintenues n'est pas déterminé d'une manière
assez précise ; enfin le régime de la rivière
peut avoir changé depuis 1673 et ne comporte
peut-être plus un système de barrage tel que
celui qui a été autorisé primitivement.

Les riverains comme les propriétaires d'usines seraient donc fondés à demander la révision de l'ordonnance de M. de Marle, mais les
conséquences de cette demande ne seraient pas
les mêmes dans tous les cas.

Si elle était faite par les riverains contre les
usiniers, ils pourraient obtenir l'augmentation
des voies d'écoulement, même par l'abaissement des déversoirs ; car leurs droits sont préexistants à ceux des propriétaires de moulins,
et la concession de toute usine est toujours
réputée avoir été faite sous la condition de ne
pas nuire.

Si les usiniers, au contraire, demandaient
un nouveau règlement, les uns comme les autres, les riverains n'étant point intéressés, ils
ne pourraient exiger rien autre chose que la
fixation du point où les eaux seraient maintenues.

Ce point serait le niveau même des déversoirs, sauf la tolérance accordée quelquefois

par l'Administration. Le déversoir, en effet, est le mur qui détermine la hauteur de la chute et la valeur de l'usine ; dès que l'eau ne s'élève pas au-dessus, chaque usinier jouit pleinement de ses droits et ne peut rien prétendre au-delà.

D'après ce qui précède, on comprendra que les propriétaires de moulins ne pourraient demander de règlement contre les riverains que relativement aux prises d'eau.

En résumé, l'ordonnance de M. de Marle sera toujours obligatoire jusqu'à ce qu'elle ait été remplacée par un nouveau règlement administratif, rendu d'office ou sur la demande des parties intéressées pour les causes ci-dessus énumérées. Les riverains et les propriétaires peuvent en demander l'exécution aux tribunaux comme d'un règlement ordinaire. Mais il est bien entendu qu'il ne s'applique qu'à une portion du cours de la Sarthe, et non à tout son cours dans le département.

L'arrêté de M. Lamoignelaine concerne les usines, le curage et les prises d'eau pour tout le département. Nous allons le reproduire, et nous en examinerons les dispositions.

Arrêté du Préfet du département de l'Orne, concernant l'abaissement des vannes ou déversoirs des moulins ou usines, le curage des ruisseaux et rivières, et les prises d'eau.

LE PRÉFET DU DÉPARTEMENT DE L'ORNE,

Vu le chapitre 6 de la loi en forme d'instruction, du 12, 20 août 1790, qui charge les administrateurs du département de rechercher et indiquer les moyens de procurer le libre cours des eaux, d'empêcher que les prairies ne soient submergées par la trop grande élévation des écluses, des moulins et par les autres ouvrages d'art établis sur les rivières, de diriger enfin autant qu'il sera possible, toutes les eaux de leur territoire vers un but d'utilité générale, d'après les principes de l'irrigation ;

L'article 10 du titre III de la loi du 16 24 août 1790, sur l'organisation judiciaire, qui attribue aux juges de paix la connaissance entre particuliers « sans appel jusqu'à la valeur de 50 livres, et à charge d'appel, à quelque valeur que la demande puisse monter...., des entreprises sur les cours d'eau servant à l'arrosement des prés, commises pendant l'année ; »

Les articles 15 et 16 du titre II de la loi du 6 octobre 1791, sur la police rurale, ainsi conçus :

« Personne ne pourra inonder l'héritage de son voisin, ni lui transmettre volontairement les eaux d'une manière nuisible, sous peine de payer le dommage et une amende qui ne pourra excéder la somme du dédommagement ;

« Les propriétaires ou fermiers des moulins ou usines, construits ou à construire, seront garants de tous les dommages que les eaux pourraient causer aux chemins ou aux propriétés voisines par la trop grande élévation du déversoir ou autrement ; ils seront forcés de tenir les eaux à une hauteur qui ne nuise à personne, et qui sera fixée par l'administration du département, d'après l'avis de l'administration du district : en cas de contravention, la peine sera une amende qui ne pourra excéder la somme du dédommagement ; »

Le chapitre 10 de l'ancien code rural portant, article 6. « que le curage des rivières et ruisseaux sera fait aux dépens de ceux qui ont des héritages contigus, et que chacun y contribuera en proportion de la largeur de son héritage ; »

L'ordonnance rendue le 17 septembre 1673, par Bernard-Hector de Marle, commissaire départi, pour le service public, dans la ci-devant généralité d'Alençon, portant que « les échantillons qui seront faits aux moulins et usines, pour l'écoulement des eaux seront de six pouces plus bas que la superficie des prairies..., et que les propriétaires de ces moulins et usines seront tenus de faire curer et nettoyer leurs chaussées et écluses à leurs frais ; »

La loi du 21 septembre 1792, portant que « jusqu'à ce qu'il en ait été autrement ordonné, les lois non abrogées seront provisoirement exécutées ; »

La loi du 28 pluviôse dernier, portant, à l'article 3 du titre II, que « le Préfet sera seul chargé de l'administration ; »

Considérant que le cours des rivières et ruisseaux étant une propriété commune, tous les riverains ont le droit de se servir des eaux, mais qu'aucun, en les arrêtant et les détournant, ne peut se l'attribuer exclusivement ;

Que sur plusieurs points de ce département, les chaussées, vannes ou deversoirs des moulins ou usines sont tellement élevés, les lits des ruisseaux ou rivières sont tellement encombrés de pierres, de sables, de vases, d'herbes marécageuses, etc., que les eaux, à la moindre crue, se répandent sur les propriétés voisines, les inondent et y causent des dégâts considérables ;

Que les effets constants de ces inondations sont d'altérer la salubrité de l'air, de nuire à la santé des hommes et des animaux, et de porter un grand préjudice à la prospérité de l'agriculture ;

Que l'on doit concilier, autant que possible, les besoins de l'agriculture avec le service des moulins et usines, en accordant néanmoins à l'intérêt de l'agriculture, qui est le premier et le plus utile des arts, la préférence sur l'intérêt des premiers ;

Que les prises d'eau dans les rivières ou ruisseaux de ce département, n'étant assujetties à aucunes règles fixes, basées sur l'utilité commune, font souvent naître entre les citoyens des contestations et même des rixes que l'autorité administrative doit s'empresser de prévenir ;

Qu'il est, par conséquent, d'une extrême urgence de remettre en vigueur les lois et ordonnances de police sur ces différents objets, et d'en assurer, par des règlements, la pleine et entière exécution,

ARRÊTE ce qui suit :

Moulins et usines.

ARTICLE PREMIER. — Nul ne pourra construire aucun moulin ou usine sur le cours des rivières ou ruisseaux, ni en détourner les eaux, pour former des écluses, des étangs ou des réservoirs, sans y être autorisé par le Préfet, qui aura statué d'après les avis de la Municipalité du lieu, du Sous-Préfet de l'arrondissement, et d'après le rapport d'un ingénieur des ponts et chaussées

II. Les eaux des moulins et usines actuellement existants seront réglées de manière à faire cesser toute inondation des fonds et héritages riverains, et à procurer le desséchement entier des marais, que la trop grande élévation de ces eaux aurait pu occasionner.

III. Pour satisfaire à cette disposition, le maire de chaque commune où il se trouve des déversoirs ou vannes de moulins ou usines, dont la trop grande élévation est présumée occasionner des inondations, se transportera, au reçu du présent, sur les lieux, pour constater le fait. Il interrogera les propriétaires riverains ; il dressera un procès-verbal de cette visite, dans lequel seront insérés les déclarations des dits propriétaires. La même visite sera répétée plusieurs fois, chaque année, particulièrement dans la saison des orages

IV. Ce procès-verbal, signé des dits maire et déclarants, sera transmis au Sous-Préfet de l'arrondissement, qui l'adressera au Préfet, avec son avis.

V. Aussitôt, le Préfet chargera, s'il y a lieu, l'Ingénieur en chef des ponts et chaussées de lui faire un rapport sur le véritable état des choses.

VI. Cet ingénieur fixera, dans son rapport, l'abaissement des vannes ou déversoirs, de manière que leur hauteur soit de six pouces au-dessous de la superficie des terrains en amont dont ils occasionnent l'inondation. Il déterminera en outre la largeur des vannes, des déversoirs, tout enfin ce qui sera reconnu nécessaire pour le libre écoulement des eaux.

VII. Le Préfet ordonnera, par un arrêté, aux propriétaires des dits moulins ou usines, d'aviser, dans

4

un délai donné, aux moyens d'en abaisser les vannes ou déversoirs, même de les élargir s'il en est besoin, le tout suivant les proportions qu'il aura réglées. Il leur enjoindra, en même temps, de payer la somme qui sera due à l'Ingénieur pour les frais de voyages.

VIII. Si les dits propriétaires refusent d'obéir, il sera dressé procès-verbal de leur refus, et ils seront poursuivis conformement aux lois.

IX. Il est défendu, sous les peines de droit, aux propriétaires ou fermiers des dits moulins ou usines de mettre à l'avenir aucunes barres, ni alaizes ou hausses quelconques, sur les seuils des déversoirs, ou d'élever les vannes pour tenir l'eau à une plus grande hauteur que celle fixée.

Curages des rivières et ruisseaux.

X. Tous les ruisseaux ou rivières qui coulent dans ce département seront curés et nettoyes dans le courant des mois de thermidor et fructidor prochains, et aux mêmes époques des années suivantes, quand le besoin l'exigera.

XI. A cet effet, les maires de plusieurs communes riveraines agiront de concert, autant qu'il sera possible, ils adresseront donc, en même temps, chacun une pétition au Sous-Préfet de l'arrondissement, en indiquant les lieux où commencera et finira le curage, et le temps présumé nécessaire pour l'effectuer.

XII. Le Sous-Préfet transmettra cette pétition avec son avis, au Préfet, qui fixera les jour et heure auxquels commencera le curage, le jour où il finira, pour tout délai, et il déterminra l'étendue du cours d'eau où il sera exécuté.

XIII. Il sera expressément enjoint aux propriétaires des moulins ou usines en amont d'en retenir les eaux pendant tout le temps du curage.

XIV. Chaque propriétaire de moulins ou usines,

dans ses chaussées et écluses, et chaque riverain, le long de ses propriétés, seront tenus de curer ou faire curer et nettoyer le lit de la rivière ou ruisseau, comme il sera dit ci-après

XV Le curage se fera *vif fonds*; l'ancienne largeur de la rivière ou du ruisseau sera rétablie ; les pierres, les sables, les terres, les herbes marécageuses, la bourbe, la vase et autres immondices seront enlevés et jetés à trois pieds loin du bord. afin qu'au temps de l'hiver et des pluies, ils ne retombent pas dans le courant On arrachera les arbres et souches, on coupera les racines, on détruira les alluvions, on ôtera enfin tout ce qui peut encombrer et mettre obstacle au libre cours de l'eau

XVI. Les saignées, fossés, canaux, rigoles et autres couvertures qui aboutissent aux dits ruisseaux et rivières seront également et en même temps nettoyés.

XVII Une décade avant le jour indiqué pour le commencement du curage, le maire de chaque commune fe·a, pour ce qui le concerne, dûment connaître aux dits propriétaires ou à leurs fermiers le· dispositions contenues dans les quatre articles précédents.

XVIII. Pendant tout le temps que durera le curage, les dits maires veilleront, dans leurs communes respectives, au maintien du bon ordre, à cet égard, et à ce que l'opération soit faite de la manière prescrite ; ils pourront, s'ils le jugent convenable, se faire assister par des citoyens ayant des connaissances y relatives.

XIX. Si quelqu'un des dits propriétaires refuse d'obéir, la portion du travail qui le regarde, sera, à la diligence des dits maires, exécutée à ses frais et dépens.

Prises d'eau.

XX Tout particulier a droit de donner à la source

qui jaillit sur son terrain, ou aux eaux artificielles qu'il a rassemblées, tel cours qui lui est utile, ainsi que de faire, où il voudra, des fossés dans sa propriété, pour modérer, accélérer ou détourner le cours des eaux : ces eaux cependant devront toujours avoir leur issue par le même endroit.

XXI. Il n'est permis à personne de diminuer, d'une manière quelconque, la fécondité de la source d'une fontaine publique, ni d'en altérer la pureté.

XXII Une eau vive et courante peut être détournée momentanément pour remplir un routoir ; mais il est défendu de faire rouir du chanvre ou du lin dans son lit.

XXIII. Les riverains peuvent tirer du lit des rivières ou ruisseaux, par des rigoles ou des retenues, l'eau nécessaire à l'arrosement de leurs héritages, à la charge d'enlever exactement les retenues et de fermer les rigoles après l'irrigation ; mais ils doivent avoir égard aux besoins journaliers des moulins ou usines que font mouvoir ces rivières ou ruisseaux.

XXIV. Aucun d'eux néanmoins ne jouira du dit avantage que pendant la quantité d'heures qui lui a été assignée pour sa part, dans les lieux où cette division est consacrée par l'usage.

XXV. En conséquence, au reçu du présent, le maire de chaque commune convoquera, à jour nommé, le Conseil municipal et tous les riverains qui exercent des prises d'eau, ainsi que les propriétaires ou fermiers des moulins ou usines : après avoir entendu leurs dires et pris l'avis du dit conseil, il rédigera un règlement qui fixera, d'une manière précise, le temps de l'irrigation pour chacun, et conciliera, autant que possible, l'intérêt de l'agriculture avec celui des moulins ou usines.

XXVI. Ce règlement, basé sur l'équité naturelle, les usages reçus ou des titres, et sur l'utilité commune, sera lu aux parties intéressées, qui le revêtiront de leurs signatures, à la suite de celles du maire et des membres du conseil municipal. S'il s'en trouve qui ne veuillent pas l'adopter, leur opposition sera motivée par écrit.

XXVII. Ces formalités remplies, le règlement sera transmis avec les observations des opposants, au Sous-Préfet de l'arrondissement, qui l'adressera, avec son avis, au Préfet, pour être approuvé s'il y a lieu.

XXVIII. Tout contrevenant aux dispositions ci-dessus sera cité et poursuivi devant l'officier de police judiciaire, pour s'y voir condamner conformément aux lois et ordonnances.

XXIX. Les Sous-Préfets et les Maires veilleront, chacun pour ce qui le concerne, à la pleine et entière exécution du present, qui sera imprimé, publié et affiché dans tout le département.

Fait et arrêté à Alençon, en la maison de la Préfecture, le 21 nivôse, an neuf de la Republique française, une et indivisible.

V. LAMAGDELAINE.

Par le Préfet :

Le Secrétaire général de la Préfecture,

RENAULT.

A l'époque où l'arrêté de M. Lamagdelaine a été publié (21 nivôse an IX), les préfets exerçaient un pouvoir réglementaire sur les cours d'eau non navigables, lequel venait de leur être transmis par les administrations départementales. Ils pouvaient ordonner l'abaissement des vannes et déversoirs et concéder même l'autorisation de construire de nouvelles usines. Aussi le prémier paragraphe contient-il des dispositions très-impératives à ce sujet. Aujourd'hui il est admis par le Conseil d'État (1) que les règlements d'usines dressés par le préfet ne sont que provisoires et ne peuvent devenir définitifs, quoique approuvés par le ministre, qu'autant qu'ils ont été sanctionnés par des ordonnances du Roi, rendues dans la forme des règlements d'administration publique. Les autorisations de construire des usines ne sont également accordés que par une ordonnance du Roi ; en sorte que la première partie de l'arrêté (2) de M. Lamagdelaine ne doit plus recevoir d'application.

Il n'en est pas de même du curage que la loi du 14 floréal an XI met à la charge des riverains, en se référant aux anciens règlements et aux usages locaux, et en autorisant l'Administration à établir des règlements nouveaux lorsqu'ils sont devenus nécessaires. Cette partie de l'arrêté n'a pas cessé d'être applicable et

(1) Avis du Conseil d'État du 2 nivôse an XIV et du Comité de l'intérieur, du 3 octobre 81.

(2) Dans le préambule de l'arrêté, on a dénaturé le sens des dispositions de l'ordonnance de M. de Marle. concernant les *échantillons* ; on les a étendus aux usines en général, tandis qu'elles ne s'appliquent qu'à un certain nombre de moulins spécialement désignés. (Voir le texte de l'ordonnance.)

est encore actuellement en vigueur, en ce sens
au moins que l'Administration se fonde sur
cet ancien règlement pour ordonner de nouveaux curages.

Quant à ce qui est des prises d'eau, l'arrêté
de M. Lamagdelaine contient plutôt une instruction sur la marche à suivre pour établir
des règlements, qu'il ne peut servir à partager
l'usage des eaux entre les riverains et les propriétaires d'usines. Aussi n'a-t-il produit à
notre connaissance aucun résultat ; partout les
riverains, dans les temps de sécheresse, s'em-
parent de l'eau le plus qu'ils peuvent, et de
manière à faire chômer les usines pendant
deux et trois jours de suite ; les usiniers alors
portent plainte devant l'Administration qui ne
peut plus prendre que des mesures tardives,
ou s'adressent aux tribunaux qui donnent gain
de cause aux riverains, en considération de ce
que les prises d'eau sont ordinairement de
courte durée et bien plus précieuses à l'agriculture que préjudiciables à l'industrie.

Néanmoins, il vaudrait mieux que les maires
fissent aux préfets des propositions de règlement tendant à régulariser l'emploi des eaux
à l'irrigation des prairies, et à faire cesser les
plaintes et les contestations qui se reproduisent
sent chaque année ; il leur suffirait pour cela

de se conformer exactement aux instructions de M. Lamagdelaine. La loi à intervenir sur les irrigations pourra étendre les droits des riverains et en réglementera l'exercice, mais il faudra toujours recourir à l'autorité locale pour déterminer la quantité d'eau qu'il sera loisible d'enlever à l'industrie, par la raison toute simple que cette quantité devra être proportionnée au volume de chaque cours d'eau. Il y aura donc toujours un travail d'appréciation à faire à cet égard, et nous engageons vivement MM. les Maires à s'en occuper dès à présent.

Pour la manière dont les usiniers usent des eaux entre eux ou vis-à vis des riverains, les abus passent toutes les bornes. On dirait qu'ils ne cherchent qu'à se nuire les uns aux autres, et à rendre aux riverains, par le vasement des prairies, le tort que ceux-ci leur ont fait éprouver par le chômage provenant des irrigations. Chacun élève l'eau dans son biez le plus qu'il peut, afin de profiter d'une surélévation dont les avantages sont immédiatement annihilés et dépassés même par la perte que fait éprouver le gonflement du biez inférieur. Quand un moulin manque de travail, le meunier lève ses vannes et donne à son voisin plus d'eau qu'il n'en peut employer, pour le faire chômer après. Si la rivière grossit et qu'il ait quelques sacs de grain à moudre, il n'hésitera pas à maintenir les eaux au niveau le plus élevé, au risque d'inonder les prairies et de faire plus de mal cent fois que ne vaut sa mouture.

Tel est, à quelques exceptions près, l'usage du pays, surtout sur la rivière de Sarthe. Cela vient de ce que la plupart des intéressés ignorent les moyens à employer pour faire cesser un état de choses si déplorable : on croit communément qu'il faut s'adresser aux tribunaux et engager des procès ruineux, tandis que l'autorité administrative est fort heureusement seule compétente en matière de règlement d'eau.

Le canton de Laigle, où l'industrie a reçu un très grand développement, est le seul, pour cette raison sans doute, qui ait un usage pour les irrigations. Les propriétaires d'usines et les riverains auront compris la nécessité de s'étendre et la coutume d'employer le dimanche les eaux à l'arrosement des prairies s'est définitivement établie.

[illegible lines]

§ III.

De la hauteur des clôtures dans les villes et faubourgs.

« Chacun peut contraindre son voisin, dans les villes et faubourgs à contribuer aux constructions et réparations de la clôture faisant séparation de leurs maisons, cours et jardins assis ès dites villes et faubourgs : la hauteur de la clôture sera fixée suivant les *réglements particuliers ou les usages constants et reconnus ;* et, a défaut d'usages et de réglements, tout mur de séparation entre voisins, qui sera construit ou rétabli, doit avoir au moins 32 décimètres (10 pieds) de hauteur, compris le chaperon, dans les villes de 50,000 âmes et au-dessous, et 26 décimètres (8 pieds) dans les autres. » (Art. 663 du C. c.)

Le droit accordé par l'art. 663 de contraindre son voisin à contribuer aux frais de clôture, implique nécessairement la faculté d'y renoncer, et par suite celle de convenir entre voisins que la clôture n'aura pas toute la hauteur prescrite par le Code ou par les usages.

Mais dans le cas de l'article actuel, un des voisins, usant du bénéfice de l'art. 656 (1), peut-il se dispenser de contribuer à la clôture en renonçant à la mitoyenneté et en cédant la moitié du terrain nécessaire pour asseoir le mur ? Pour la négative, on dit que l'art. 663 est spécialement applicable aux terrains des villes et faubourgs, qu'il fait exception aux dispositions de l'art. 656 ; pour l'affirmative, on soutient que la faculté d'abandon, écrite dans l'art. 656, est générale et absolue, et s'applique, par sa relation aux articles 653 et 655 de la même section, aux murs mitoyens des villes et campagnes ; que l'art. 663, qui contient, quant aux constructions de clôture dans les villes et faubourgs des dispositions semblables à celles de l'art. 655 quant aux reconstructions, n'a nullement modifié la faculté accordée à tout propriétaire par l'art. 656 ; que par conséquent, soit qu'il s'agisse comme dans l'art. 656 d'une reconstruction qui n'est en réalité qu'une construction, soit qu'il s'agisse comme dans l'espèce d'une cons-

_____

(1) « Tout propriétaire d'un mur mitoyen peut se dispenser de contribuer aux réparations et reconstructions, en abandonnant le droit de mitoyenneté, pourvu que le mur mitoyen ne soutienne pas un bâtiment qui lui appartienne. »

traction nouvelle, la faculté de l'abandon du droit de mitoyenneté accordée par les expressions générales de l'art. 555 doit être conservée, puisque l'art. 663 ne l'a pas modifiée ; que ce fut dans ce sens qu'on entendit ces articles lors de leur discussion au Conseil d'État ; que telle est enfin la jurisprudence adoptée par la cour de cassation.

Nous croyons donc qu'il ne serait pas prudent de vouloir contraindre le propriétaire qui ferait l'abandon de sa mitoyenneté, à contribuer aux frais de clôture.

L'art. 663 ne concernant que les villes et faubourgs, il s'agit de chercher quelles sont les circonstances qui doivent faire considérer comme ville telle ou telle localité? quelles limites on doit assigner aux faubourgs?

La loi ne détermine pas les circonstances dans lesquelles une communauté d'habitants doit prendre le nom de ville. Quelques auteurs pensent, d'après un texte du projet de Code civil (liv. II, tit. IV, § 1er, art. 15), que cette qualification ne peut être accordée qu'à une agglomération de 3,000 habitants au moins ; d'autres n'admettent pas de restriction et s'appuient avec raison sur ce que plusieurs localités ont acquis à juste titre la dénomination de villes sans avoir atteint le chiffre de 3,000 âmes, comme il en est aussi qui, après l'avoir dépassé, ne jouissent pas du même privilége. Ce nombre ne peut donc pas servir de règle, et l'on doit plutôt se déterminer d'après d'autres conditions, telles que l'importance des habitations, des établissements industriels, du commerce et des affaires, des foires et des marchés; le pavage, l'alignement et l'éclairage des rues; l'établissement d'un octroi. Quelquefois aussi les souvenirs historiques peuvent servir d'élément d'appréciation, surtout quand ils sont consacrés par l'existence de murs d'enceinte ou d'anciennes fortifications. Mais nous ne pensons pas qu'on puisse suppléer au silence de la loi et poser de principes faisant autorité; il faudra souvent encore recourir aux tribunaux pour qu'ils décident si telle localité doit être considérée comme ville et si l'on peut y exercer l'action en clôture d'héritage autorisée par l'art. 663.

En un mot, le seul point qui nous paraisse incontestable, c'est que tout chef-lieu d'arrondissement, quelque minime que soit sa population, doit être réputé ville, à cause de l'importance qu'il tire de son titre et de la résidence obligée d'un grand nombre de fonctionnaires. En conséquence, mettant à part les villes d'Alençon, Argentan, Domfront et Mor...

tagne, ainsi que celles de l'aigle, Sées et
Vimoutiers, pour lesquelles il ne peut exister
aucun doute, nous classerons comme villes :
Bellême, la Ferté-Macé, Flers et Tinchebrai.
Nous ne croyons pas devoir mettre au même
rang Essai et Exmes, qui peuvent à la vérité
invoquer des souvenirs historiques, mais dont
l'importance a toujours été en décroissant
depuis la suppression de leurs bailliages,
opérée quelques années avant la Révolution.

S'il est difficile d'établir hors de toute discussion les conditions qu'exige la qualification
de ville, il l'est bien plus encore de s'entendre
au sujet des faubourgs. Où commence un faubourg? — où finit-il? Sur la première question, il n'y a pas de solution générale possible,
excepté dans les villes fermées par des portes
ou des barrières. Là le faubourg commence en
dehors des clôtures. Mais dans les autres ? Ce
sont évidemment les tribunaux seuls qui peuvent décider, soit d'après la voix publique, soit
en consultant les plans et cadastres faits par
ordre de l'Administration.

Quant au point où finissent les faubourgs
d'une ville, on s'accorde généralement à dire
qu'il est déterminé par la limite de l'octroi.
Cette opinion nous semble pourtant inadmis-
sible, parce qu'il arrive souvent que l'octroi

commence à l'extrémité même de la commune, et comprend dans ses limites une assez grande étendue de terres labourables. Ira-t-on prétendre exercer en pareil cas l'action en clôture dont parle l'art. 663 ? Et si la ville n'a pas d'octroi, comment appliquerez-vous le principe? Selon nous, les faubourgs finissent là où les habitations cessent d'être contiguës, là surtout où elles sont séparées par des terrains livrés à l'agriculture, mais ne s'étendent pas forcément jusqu'à la limite de l'octroi.

Nous avons peu de chose à dire sur les usages des villes du département, relativement aux clôtures. A Alençon, on donnait autrefois aux murs une élévation de 6 à 7 pieds, y compris le chaperon ; aujourd'hui cet usage qui a commencé à se perdre après la promulgation du Code, doit être considérée comme tout à fait abandonné. A Argentan, Domfront, Laigle, Seés, Vimoutiers, Bellême, la Ferté-Macé et Flers, il n'existe pas d'usage, et l'on doit se conformer aux dispositions de l'art. 663. A Tinchebrai, on donne aux clôtures une élévation de 2 mètres 33 centimètres, y compris le chaperon.

Les autres chefs-lieux de canton du département ne pouvant être classés au nombre des villes, il n'y a pas lieu de faire l'application de l'article qui nous occupe, et par conséquent pas d'usage à constater.

§ IV.

De distances à garder entre les héritages pour les plantations d'arbres.

« Il n'est permis de planter des arbres de haute tige qu'à la distance prescrite par les *réglements particuliers* actuellement existants, ou par les *usages constants et reconnus* ; et, à défaut de réglements et d'usages, qu'à la distance de 2 mètres de la ligne séparative des deux héritages pour les arbres de haute tige, et à la distance d'un demi-mètre pour les autres arbres et haies vives. » (Art. 671 du C. c.)

Le Code, comme on le voit, ne distingue pas entre les différents modes de division des propriétés ; l'art. 671 ne parle que d'une ligne séparative, pour ainsi dire intellectuelle, et fixe d'une manière uniforme la distance à laquelle doivent être plantés les arbres de haute (1) et basse tige. Cependant deux héri-

(1) Les arbres de haute tige sont ceux qui, par leur essence, peuvent s'élever à une hauteur assez considérable et devenir propres aux constructions ou à la menuiserie.

tages peuvent être séparés par un mur commun ou par un mur appartenant à un seul propriétaire, ou par des fossés et des ruisseaux, circonstances qui rendraient l'application des dispositions de la loi bien rigoureuses. Ces mêmes dispositions, au contraire, ne le seraient peut-être pas assez, s'il s'agissait de plantations ou semis de bois taillis qui sont de nature à porter un plus grand préjudice au voisin que des arbres isolés. Aussi le Code permet-il, ordonne-t-il même de se porter avant tout aux anciens règlements et aux usages constants et reconnus, et c'est en cette matière que notre pays s'est le moins soumis à la loi nouvelle.

Nous examinerons successivement les questions qui font naître les distinctions ci-dessus posées, et nous dirons en premier lieu quels sont les réglements ou usages des divers cantons du département dans le cas de séparation fictive.

Les cantons de Seès, Juvigni, Bellême, Longni, Nocé, Pervenchères, Rémalard, le Theil et Taurouvre, sont les seuls qui suivent les prescriptions du Code ; tous les autres, à part les modifications que nous allons indiquer se conforment aux dispositions des art. 5, 6 et 10 de l'arrêt du Parlement de Normandie, du 11 août 1751, ainsi conçus :

« Art. 5. Nul ne pourra planter aucuns poiriers ou pommiers qu'à 7 pieds (1) de distance du fonds ; et, en cas que les branches s'étendent sur le terrain voisin, le propriétaire des dits arbres sera contraint d'en couper l'extrémité autant qu'elles s'étendront sur le terrain voisin.

« Art. 6. Les arbres de haute futaie ne pourront être plantés à pied dans les terres non closes qu'à 7 pieds de distance du fonds du voisin lequel pourra pareillement contraindre le propriétaire des dits arbres de les élaguer ou ébrancher jusqu'à la hauteur de 15 pieds ; et en outre, de faire couper la partie des branches qui s'étendrait sur son terrain. »

Art. 10. « Les haies à pied pourront être plantées à pied et demi du voisin, et seront tondues an moins tous les six ans du côté du voisin, et seront réduites alors à la hauteur de 5 à 6 pids au plus, sans qu'ils soit permis, dans les dites haies plantées à pied, de laisser échapper aucuns baliveaux ou grands arbres ; parce que néanmoins à l'égard des arbres dans

---

(1) Nous pensons que si l'on voulait fixer rigoureusement les distances, il faudrait se servir du pied ancien et non du pied nouveau, appelé très-improprement pied métrique.

les haies, lesquelles font séparation des herbages et masures sans être le long des terres
labourables du voisin, il en sera usé comme
par le passé (c'est-à-dire sans observer les distances). »

Le droit que donne l'art. 6 de faire élaguer
ou ébrancher jusqu'à la hauteur de 15 pieds
les arbres de haute tige plantés à la distance
obligée, ne paraît pas s'être maintenu dans
aucun des cantons régis par l'arrêt du Parlement ; nous croyons qu'il s'est perdu par suite
d'une tolérance qui a pris peu à peu force
d'usage et qu'on doit le considérer comme définitivement aboli. Nous n'émettons toutefois
cette opinion que sous forme de doute.

L'art. 10, où il n'est question que des haies
vives. servait aussi, par analogie, à régler la
plantation des arbres de basse tige. La distance était également d'un pied et demi, et le
Code ne l'a augmentée que de la très-petite
différence qui existe entre les anciennes et les
nouvelles mesures.

Le même article, tout en défendant de laisser
pousser des baliveaux ou grands arbres dans
les haies, admet une exception pour le cas où
la haie fait séparation d'avec un herbage ou
une masure. Cette exception subsiste encore et

la plupart des propriétaires ne manquent pas d'en profiter.

Voici quelles sont les dérogations aux articles ci-dessus, que l'usage a consacrées.

Dans le canton du Mêle, on plante les arbres de basse tige à 3 pieds du fonds voisin. Nous ne concevons pas comment il se fait qu'on s'écarte à ce point des usages anciennement établis en vertu de l'art. 10 de l'arrêt du Parlement ainsi que des dispositions nouvelles du Code, et par quelle raison on exige, pour les arbres de basse tige, une distance double de celle fixée pour les haies. Enfin, si tel est l'usage, il faut bien s'y conformer.

Dans le canton de Putanges, les arbres de basse tige se plantent à deux pieds du voisin.

Dans le canton de Domfront, on suit le règlement de 1751 ; mais lorsqu'un propriétaire possède des arbres fruitiers sur un terrain qui a été partagé d'avec le fonds voisin et qu'il veut les remplacer, il peut mettre les nouveaux arbres à la même distance que les anciens. La même faculté est accordée dans le canton de Sées pour toute espèce d'arbres, lorsqu'il y a eu destination du père de famille, ce qui du reste nous paraît d'autant plus étrange que ce canton est régi par l'article 671 du Code civil.

Dans le canton de Bazoches, la distance de

rigueur pour les arbres de haute tige est de 8 pieds anciens.

Voyons maintenant quelles sont les exceptions admises dans le cas où les deux propriétés sont séparées par un mur. Les usages alors deviennent moins sévères, et cela se conçoit. Quand il n'existe pas de séparation matérielle, il est juste d'imposer des conditions et de faire supporter le préjudice causé par les plantations à ceux qui doivent exclusivement en recueillir les avantages ou les fruits ; mais ces principes doivent naturellement être modifiés quand la plantation ne peut ajouter à l'ombre projetée par le mur et augmenter le dommage déjà souffert par le voisin. Ainsi, pour les arbres de basse tige et les espaliers, on n'est pas astreint en général dans le département à suivre les prescriptions de l'arrêt de 1751 ni celles du Code.

Dans quelques cantons même l'exception s'étend aussi aux arbres de haute tige ; et comme les usages en pareille matière sont très-importants à constater, nous allons reproduire séparément toutes les réponses qui nous ont été faites.

Alençon. On peut planter les arbres de basse tige et les espaliers SEULEMENT, contre un mur de séparation, sans avoir toutefois le droit de les fixer contre ce mur, s'il n'est pas mitoyen.

Carrouges, Trun, Domfront et *Messei*. Même usage qu'à Alençon.

Courtomer. Les arbres plantés le long d'un mur commun peuvent y être adossés et attachés; si le mur appartient au voisin, on se conforme à l'arrêt de 1751.

Le Mêle. Que le mur soit mitoyen ou non, les arbres de haute tige se plantent à sept pieds de la ligne séparative ; ceux de basse tige et les espaliers se plantent sans garder de distance si le mur est mitoyen.

Sées. L'usage ne fait pas de distinction entre les arbres de haute ou basse tige. On peut les planter tout près d'un mur commun ou non, en ayant soin d'élaguer les branches qui s'étendraient sur l'héritage voisin.

Argentan. Pour les arbres plantés le long d'un mur commun ou appartenant à autrui, on doit observer les distances ordinaires, excepté pour les espaliers, qui peuvent être palissés sur le mur mitoyen. Quand on est propriétaire exclusif du mur, on n'est pas tenu d'observer de distance, pourvu toutefois que la clôture empêche les branches de s'étendre et de porter de l'ombrage sur le voisin.

Vimoutiers. Il n'y a pas de distance à garder si le mur est mitoyen, pourvu que les arbres n'en dépassent pas le sommet. Si le mur appartient au voisin, on doit se conformer au règlement de 1751.

Athis. Quelle que soit l'espèce des arbres, et que le mur soit mitoyen ou non, on suit le règlement de 1751.

La Ferté-Macé. Si le mur n'est pas mitoyen, on observe les distances ordinaires; dans le cas contraire, on peut planter au pied; mais il n'est pas permis d'y fixer de treillage sans le consentement du voisin (1). Pour les arbres de haute tige, on se conforme, dans tous les cas, au règlement de 1751.

Flers. Chacun plante de son côté toute espèce d'arbres lorsque le mur est commun. Celui à qui le mur appartient exclusivement plante seul dans son fonds; mais, dans les deux cas, les arbres ne doivent pas dépasser la hauteur du mur.

Passais. Si le mur est commun, on peut y adosser des arbres de basse tige. S'il appartient au voisin, on observe les distances prescrites par le règlement de 1751, en admettant toutefois une certaine tolérance pour les quenouilles.

---

(1) Cet usage, comme on le voit, fait exception à la règle commune et se trouve aussi en contradiction avec la jurisprudence.

Tinchebrai. On n'observe aucune distance pour les arbres de basse tige et les quenouilles, que le mur soit mitoyen ou non.

Belléme. Les arbres de toute nature peuvent être plantés le long d'un mur mitoyen, à la distance de 16 centimètres, pourvu qu'ils n'en dépassent pas le sommet. Si le mur appartient au voisin, on observe les distances prescrites par le Code.

Laigle. Pour les arbres de haute tige, on se conforme, dans tous les cas, au règlement de 1751. Quant aux basses tiges, nous ne pouvons pas constater d'usage, les réponses qu'on nous a faites n'étant pas suffisamment explicites.

Longni. On ne peut planter contre un mur que quand on en est propriétaire exclusif et seulement les arbres de basse tige et les espaliers.

Moulins la-Marche Les arbres à basse tige seulement se plantent près d'un mur mitoyen. Si le mur appartient au voisin, on est tenu d'observer la distance de 50 centimètres.

Le Theil. On plante à volonté le long d'un mur mitoyen. Si le mur appartient au voisin, on se conforme à l'art. 671.

Tourouvre. Le propriétaire exclusif du mur peut planter au pied ; son voisin, à 16 centimètres.

Nous n'avons par d'usage à constater pour
les cantons de Putanges, Juvigni, Bazoches,
Nocé, Pervenchères et Rémalard, ou plutôt les
réponses que nous avons reçues ne nous ont
pas paru assez positives.

Lorsque les propriétés se trouvent limitées
par des fossés, des ruisseaux ou de petits cours
d'eau, les inconvénients résultant des plantations n'étant plus les mêmes que pour le cas
où il n'existe aucune séparation, les usages
peuvent présenter encore des dérogations qu'il
est utile de rechercher et de connaître. Les
renseignements que nous avons obtenus nous
ont appris que dans seize cantons on pouvait
planter à fin d'héritage sur le bord des ruisseaux. Cette exception est facile à justifier ;
nous ne comprenons même pas que dans certaines localités elle soit repoussée. En effet, les
eaux tendent toujours à usurper le terrain qui
les borde ; si elles ne trouvent aucune résis-
tance, elles minent les rives et s'étendent aux
dépens des propriétés ; le meilleur moyen d'y
mettre obstacle est de planter des arbres qui
soutiennent les terres, et c'est là ce qu'on fait
partout dans les cantons d'Alençon (1). Car-

---

(1) MM. les juges de paix des cantons d'Alençon nous
ont signalé une exception relative aux biez des mou-

rouges, Courtomer, le Mesle-sur-Sarthe, Argentan, Putanges, Vimoutiers, Athis, Domfront, la Ferté-Macé, Flers, Juvigni, Messei, Tinchebrai, Moulins-la-Marche et Nocé. Les autres cantons suivent les règles ordinaires ou admettent des modifications que nous allons signaler plus bas.

Les fossés renferment ordinairement une eau stagnante, et l'utilité des mêmes moyens, pour défendre les rives, ne se fait plus sentir. Aussi, sauf les exceptions ci-après, se conforme-t-on partout, pour la plantation des arbres de haute tige (2), soit aux prescriptions du Code, soit aux usages locaux, suivant les cantons, comme s'il n'existait pas de séparation.

Dans le canton de Seés, on se conforme, pour les fossés et ruisseaux, aux prescriptions générales de l'art. 674, à moins qu'il n'y ait desti-

---

lins. D'après un ancien usage, les riverains n'auraient le droit de planter qu'à une certaine distance des bords, afin sans doute, qu'ils ne profitent pas des plantations pour empiéter sur le lit des cours d'eau ; mais on ignore quel espace ils doivent laisser. Peut-être cet usage a-t-il pris naissance à l'époque de la promulgation du réglement de M. Marle ; s'il en était ainsi, la distance serait de 2 pieds anciens.

(2) Les arbres à basse tige pouvant être plantés à 50 centimètres du fonds voisin, il s'ensuit qu'on a toujours la faculté de les placer à fin d'héritage, à moins que le fossé n'appartienne au voisin.

nation du père de famille et qu'il ne s'agisse de remplacer de vieux arbres plantés en deçà des limites ordinaires. On a le droit alors de mettre les nouvelles plantations à la même place.

Dans le canton de Putanges, on plante sur les fossés, à fin d'héritage.

Dans le canton de Trun, on peut planter à 33 centimètres du bord des fossés et des ruisseaux.

Les cantons de Bellême, Laigle, Longni, Rémalard, le Theil, ne font pas de différence entre les ruisseaux et les fossés, et n'admettent pas de tolérance.

Dans le canton de Tourouvre, on plante à 40 centimètres environ du bord des fossés et ruisseaux.

Il ne nous reste plus à nous occuper que des distances exigées pour les plantations et semis de bois taillis, lorsque la propriété contiguë est elle-même plantée ou lorsqu'elle ne l'est pas.

Dans l'une et l'autre hypothèse, onze cantons, Courtomer, le Mesle, Argentan, Trun, Vimoutiers, Athis, la Ferté-Macé, Flers, Messei, Passais et Tinchebrai, se conforment à l'art. 9 de l'arrêt de 1751, ainsi conçu :

« Le bois taillis sera planté à 7 pieds du fonds voisin, lorsqu'il n'y aura pas de fossé de séparation, et à 5 pieds lorsqu'il y aura un fossé. Sera néanmoins permis de planter un bois taillis jusqu'à l'extrémité de son terrain, proche le bois taillis voisin.

Dans le canton de Domfront, on dépasse ordinairement la distance de 7 pieds, mais il ne s'est pas établi d'usage à cet égard, et, en cas de contestation, on pourrait s'en tenir aux prescriptions de l'arrêt de 1754.

Pour le canton d'Alençon, voici tout ce que nous avons pu recueillir : les bois taillis sont toujours séparés des terres livrées à l'agriculture par un fossé qui en dépend, et le propriétaire du taillis possède au delà du fossé 1 pied 1/2 de terrain, si c'est une prairie qui l'avoisine, et 2 pieds si c'est une terre en labour. Il n'en faut pas conclure, selon nous, que telle serait la distance à observer pour une plantation nouvelle, car l'espace de terrain appartenant au propriétaire du taillis n'est rien autre chose que la *réparation* prescrite par la Coutume de Normandie a tout individu qui veut se clore par un fossé. Le canton d'Alençon n'est donc pas régi par l'arrêt de 1854, où du moins rien ne constate qu'il doive l'être.

Nous en dirons autant des cantons de Carrouges, Putanges, Seës, Juvigny, Nocé, Pervenchères, Rémalard et Tourouvre, qui paraissent se conformer dans les deux hypothèses à la distance de 50 centimètres exigée par le Code pour la plantation des arbres de basse tige.

Les cantons de Bazoches, Bellême et le Theil, assimilent aussi les taillis aux arbres de basse tige, mais n'observent pas de distance, lorsque le terrain contigu est planté lui-même en bois taillis.

Enfin, dans le canton de Nocé, on plante ou l'on sème à 2 mètres des terres cultivées, et dans celui de Moulins, à 1 mètre 50 centimètres, seulement.

Quant à la marche à suivre pour faire l'application soit de l'arrêt de 1751 et des usages constatés dans ce paragraphe, soit des prescriptions du Code, nous citerons les règles tracées par le *Nouveau Desgodets*.

« Quand il s'agit de planter un arbre à distance légale, la mesure se prend par une ligne droite qui part du centre de la tige de l'arbre, et va joindre, par le chemin le plus court, la ligne qui sépare les deux héritages. Si donc il s'agissait de vérifier si un arbre devenu fort est à une distance convenable, il serait juste de comprendre dans cette distance la moitié de la grosseur de l'arbre, car la loi a ordonné d'observer cette distance, seulement lors de la plantation. Par conséquent, il peut librement prendre de la grosseur sans qu'elle puisse le constituer en contravention.

« Dans le cas où le mur est mitoyen, les distances se mesurent à partir du centre de l'arbre ou de l'arbuste planté, et se terminent à la moitié de l'épaisseur du mur ; car, encore bien que le mur soit possédé indivisément, le terrain sur lequel il est assis appartient pour moitié de son épaisseur à l'un, et pour moitié à l'autre. »

Les mêmes principes doivent être suivis lorsqu'il s'agit d'un fossé ou d'un ruisseau ; c'est toujours à partir de la ligne de séparation des propriétés jusqu'au centre de la tige de l'arbre, qu'on doit mesurer la distance.

Nous terminons ce paragraphe par l'examen de deux questions assez importantes :

1° Peut-on acquérir par la prescription de trente ans le droit d'avoir un arbre planté à une distance moindre que celle fixée par le Code civil ou par les usages ?

En général on s'accorde pour l'affirmative, et la cour de cassation s'est prononcée dans le même sens par un arrêt du 25 mai 1842. Toutefois nous ferons observer que le commencement de la prescription ne date pas toujours de l'époque de la plantation de l'arbre. Il peut se faire que son existence ait été longtemps ignorée du voisin, qu'il ait été masqué par un mur ou une haie épaisse. On devra donc interroger les circonstances pour connaître le moment où l'arbre, se montrant à découvert, aura pu être aperçu par les intéressés, et ce sera à partir de ce moment, assez difficile du reste à déterminer, que la prescription aura commencé à courir. Il ne suffit pas, en effet, que la possession soit continue, il faut encore qu'elle soit publique.

2° La prescription une fois acquise, le propriétaire qui sera incommodé par les branches pourra-t-il exiger qu'elles soient coupées si, pendant trente ans, il a souffert qu'elles couvrissent son héritage de leur ombre?

La prescription pouvant s'acquérir quant à la conservation de l'arbre, il semble au premier abord que le voisin perde à tout jamais le droit d''en faire couper les branches, surtout si en aucun temps ces branches n'ont été émondées, si le propriétaire de l'arbre n'a pas comprimé leur essor, en un mot, si la possession peut être qualifiée de possession continue ; mais il faut penser que la servitude ne reste pas stationnaire ; qu'elle va toujours en s'aggravant ; que le voisin a bien pu la souffrir dans des conditions qui n'étaient pas trop onéreuses pour lui, et qu'il a attendu pour se plaindre que l'état des choses fût réellement dommageable ; que si la loi a permis de lui faire porter la peine de sa tolérance, ce n'est pas au point de rendre sa position de plus en plus mauvaise ; que les servitudes étant un démembrement du droit de propriété, ce serait aller contre le vœu du législateur et contre l'équité, que d'autoriser celle dont il question à s'accroître indéfiniment. Nous croyons donc qu'en pareil cas, bien que la prescription soit acquise, on peut faire constater les dimensions de l'arbre et s'opposer, par la suite, à ce qu'il s'étende plus loin.

Enfin, d'après Curasson et Duranton, celui qui a acquis par prescription le droit de conserver des arbres de haute tige à une distance du fonds voisin, moindre que la distance légale, n'a pas acquis par là le droit de les remplacer aux mêmes conditions, même quand il y a destination du père de famille ; à moins toutefois qu'un usage constant ne permette le contraire, et comme il s'agit d'une opinion controversée et non d'un texte de loi, les cantons où cet usage s'est conservé peuvent, sans aucun doute, s'en prévaloir.

§ V.

Des constructions susceptibles par leur nature de nuire au voisin.

« Celui qui fait creuser un puits ou une fosse d'aisance près d'un mur mitoyen ou non; — celui qui veut y construire cheminée ou âtre, forge, four ou fourneau, y adosser une étable; — établir contre ce mur un magasin de sel ou amas de matières corrosives, est obligé à laisser la distance prescrite par les *réglements et usages particuliers* sur ces objets, ou à faire les ouvrages prescrits par les mêmes réglements et usages, pour éviter de nuire au voisin. » (Art. 674 du C. c.)

Le législateur prévient qu'il y a des précautions à prendre pour faire certaines constructions, mais n'indique pas en quoi elles consistent et laisse, à cet égard, aux usages locaux toute leur autorité. La prudence exigeait qu'il en fût ainsi; les terrains et les matériaux n'étant pas partout de même nature et n'offrant pas en tous les lieux mêmes garanties, il eût été dangereux de poser des règles uniformes qui n'eussent pas manqué de faire naître de graves difficultés et des réclamations sans nombre.

Les usages et les réglements doivent servir aussi à compléter le texte du Code quant à la

6

désignation des ouvrages susceptibles de nuire à autrui. L'art. 674, en effet, ne doit pas être interprété en ce sens que toutes les constructions qui n'y sont pas citées peuvent se faire sans condition ; il est admis, au contraire, que les dispositions de la loi ne sont qu'indicatives, qu'elles ne limitent pas les droits du voisin aux cas spécifiés, et que toutes les fois qu'il s'agit de constructions nuisibles, on ne peut se soustraire à l'accomplissement des travaux de précaution exigés sous l'empire des anciennes coutumes.

Il ne faut pas croire non plus qu'on trouverait dans l'art. 674 les moyens de repousser victorieusement une demande en dommages-intérêts intentée par un voisin qui aurait souffert un préjudice réel du voisinage d'établissements faits conformément aux réglements particuliers ou aux usages locaux. Le législateur, en ordonnant certaines précautions pour les constructions, dont la nature seule fait supposer qu'elles pourront être nuisibles ou dangereuses, n'a pas entendu modifier le principe général consacré par l'art. 1382 du Code civ. (1). Seulement le propriétaire qui suit à la

(1) Tout fait quelconque de l'homme, qui cause à autrui un dommage, oblige celui par la faute duquel il est arrivé, à le réparer.

lettre les mesures de sûreté imposées par les réglements ou par les usages, ne peut être arrêté dans ses travaux, et avant qu'on ait le droit de l'attaquer, il faut que le dommage soit né ; jusque-là il peut se retrancher derrière le texte formel de l'art. 674, qui établit en sa faveur une présomption qu'aucune prévision ne peut anéantir.

Examinons maintenant quels étaient les réglements en vigueur autrefois; quels sont ceux qu'on a conservés ou modifiés ; quels sont les usages suivis actuellement, faute de réglements anciens.

Pour éviter toute répétition, nous transcrirons ici les articles des coutumes qui, avant le Code, faisaient loi dans la plus grande partie du territoire actuel du département. Il nous sera facile ensuite de dire quels sont les cantons qui s'y conforment encore, et de noter les exceptions que l'usage peut avoir introduits.

COUTUME DE NORMANDIE.

Art. 611. « De tout mur mitoyen, chacun des voisins auquel il appartient, peut s'aider même pour asseoir les courges et consoles d'une cheminée, et est tenu, en édifiant le tuyau ou canal de la dite cheminée, de laisser la moitié du dit mur entier et 4 pouces en outre pour servir de contre-feu.

Art. 613. « Contre mur mitoyen aucun ne peut faire chambres, aisées ou citernes, sinon en faisant bâtir contre-mur de 3 pieds d'épais en bas, et au-dessous du rez de terre, à pierre, chaux et sable, tout à l'entour de la fosse destinée aux dites chambres ou citernes.

Art. 614. « Qui veut faire forge, four ou fourneau contre le mur mitoyen, doit laisser demi-pied de vide d'intervalle entre deux du mur, du four ou forge, et doit être le dit mur d'un pied d'épaisseur, et sera le dit mur de pierre, brique ou moellon. »

COUTUME DU GRAND-PERCHE.

Art. 220. « Le voisin ne peut faire aucuns puits, retraits, fosses de cuisine ou autres, pour retenir les eaux des maisons, four et ni forges près un mur mitoyen et commun qu'il ne laisse le dit mur franc et un contre-mur de l'épaisseur d'un pied, qui doit être fait aux dépens de celui qui s'en voudra aider et à son danger. Et s'il y a puits à l'un ou à l'autre des deux voisins, les dits retraits et fosses seront faits à dix pieds loin du dit puits, en y faisant entre deux un contre-mur de chaux et sable, aussi bas que les fondements des dits retraits et fossés. »

Art. 188. « Qui fait établé contre un mur mitoyen doit faire contre-mur de huit pouces d'épaisseur, de hauteur, jusque au rez de la mangeoire. »

Art. 189. « Qui veut faire cheminées et âtres contre le mur mitoyen, doit faire contre-mur de tuileaux ou autre chose suffisante de demi-pied d'épaisseur. »

Art. 190. « Qui veut faire forge, four ou fourneau contre le mur mitoyen, doit laisser demi-pied de vide et d'intervalle entre deux du mur du four ou forge, et doit être ledit mur d'un pied d'épaisseur. »

Art. 191. « Qui veut faire aisances de privés ou puits contre un mur mitoyen doit faire contre-mur d'un pied d'épaisseur. Et où il y a de chacun côté puits, ou bien puits d'un côté et aisances de l'autre, suffit qu'il y ait 4 pieds de maçonnerie d'épaisseur entre deux, comprenant les épaisseurs des murs d'une part et d'autre. Mais entre deux puits suffisent 3 pieds pour le moins. »

Les cantons d'Alençon, Carrouges, Courtomer, le Mêle, Argentan, Putanges, Trun, Vimontiers, Domfront, Athis, la Ferté-Macé, Flers, Juvigni, Messei, Passais, Tinchebrai, Moulins et Laigle, étaient régis avant le Code par les art. 611, 613 et 614 de la coutume de Normandie, et nous ne connaissons pas d'usages qui les aient remplacés, modifiés ou complétés.

La coutume de Normandie ne parle pas des étables, des puits à eau, ni des magasins de sel ou amas de matières corrosives ; mais autrefois, dans les cantons que nous venons de citer, on y suppléait pour les étables et les puits, par les articles 181 et 191 de la Coutume de Paris. Quant aux magasins de sel ou amas de matières corrosives, on suivait aussi par analogie les prescriptions de l'art. 188. On se conforme toujours aux mêmes règles, sauf dans les cantons de Courtomer et de Juvigni où l'on paraît avoir adopté un usage qui ne se trouve plus en rapport avec l'article 191, et qui oblige de laisser pour les puits une distance de 2 mètres au moins à partir de la ligne séparative de propriété.

Dans le canton de Seés, avant le Code, on ne connaissait que la coutume de Normandie ; maintenant, pour tous les ouvrages énoncés dans l'article 674 du Code civil, il est d'usage de construire un contre-mur d'un demi-mètre, composé de sable de Saint-Yves et de chaux.

Les cantons de Bazoches, Bellême, Nocé, Pervenchères, le Theil et Tourouvre, suivent encore la Coutume du Perche, complétée par la Coutume de Paris.

La Coutume de Paris, en vigueur autrefois dans le canton de Longni, n'y a pas laissé de trace ; elle est tacitement abrogée par les usages qui ordonnent : pour placer un puits près d'un mur mitoyen ou non, une distance de 1 mètre, et un contre-mur de 33 centimètres ; pour les fosses d'aisances, un contre-mur de 50 centimètres d'épaisseur, et, si elles se trouvent près d'un puits, une distance de 1 mètre 33 centimètres ; pour les âtres, un contre-mur de 33 centimètres ; pour les forges de maréchaux et pour les fours à pain, un contre-mur de cinquante centimètres. S'il s'agit d'usines à feu continu et violent, le contre-mur doit avoir au moins 2 mètres d'épaisseur. Pour les étables, le contre-mur doit être de 33 centimètres, et de 50 centimètres pour les magasins de sel ou amas de matières corrosives.

Nous pensons avoir fidèlement rapporté les réglements et usages relatifs à l'exécution des diverses espèces de travaux prévus par le Code ; mais, comme nous l'avons vu plus, l'énumération contenue en l'art. 674 n'est pas limitative, et il nous semble que les fossés doivent être mis au nombre des ouvrages susceptibles de nuire a autrui. Si en effet on ouvre un fossé sur la ligne séparative d'un héritage, on empêchera le voisin de cultiver l'integralité de son fonds, et on exposera les terres à des éboulements presque inévitables. Cet inconvénient avait été prévu par l'art. 43 de l'arrêt du Parlement de Normandie, du 17 août 1751, ainsi conçu : « Celui qui fera construire un fossé sur son fonds sera tenu de laisser, du côté du terrain voisin et au-delà du creux dudit fossé, un pied et demi de réparation ; et si la terre voisine est en labour, il sera tenu de laisser au moins deux pieds de réparation au-delà du creux, ordonne en outre que tout fossé sera fait en talus du côté du voisin. »

Cet article fait encore loi dans tout le département de l'Orne, et il en résulte que toutes les fois qu'un fossé n'est pas mitoyen, il emporte avec lui un droit de propriété au-delà de son talus, parce qu'il est censé avoir été creusé dans les conditions de l'article précité. Le propriétaire peut donc, en pareil cas, revendiquer, jusqu'à preuve contraire, sur le bord opposé à son fonds une bande de terrain d'un pied et demi ou deux pieds, selon l'espèce de culture.

Pour que la *réparation* prescrite ait toute son utilité, il faut que le fossé soit creusé selon les règles ordinaires, c'est-à-dire avec un talus de quarante-cinq degrés d'inclinaison, car la largeur laissée au voisin ne suffirait plus pour le protéger si l'on creusait à pic à une grande profondeur.

Les contestations relatives aux constructions et travaux énoncés dans l'art. 671, doivent aux termes de l'article 6 de la loi du 25 mai 1838, être portées devant les juges de paix, lorsque la propriété ou la mitoyenneté du mur ne sont pas mises en doute. Cette disposition de la loi exclut de la même juridiction, les difficultés relatives aux fossés, par cela seul que le législateur n'en a pas expressément enlevé la connaissance aux tribunaux civils? Nous ne le pensons pas ; les motifs qui ont fait placer sous la juridiction immédiate des juges de paix la délimitation des propriétés, la vérification des distances à garder pour la plantation des arbres, sont évidemment les mêmes que pour le cas qui nous occupe ; l'analogie nous paraît complète, et à moins d'élever des doutes sur toutes choses, comme on le fait ordinairement en matière de droit, nous ne croyons pas qu'on puisse contester sérieusement la compétence des juges de paix au sujet des fossés.

§ VI.

Des délais à observer pour les congés des locations et les paiements de sous-locations.

« Le bail d'un appartement meublé est censé fait à l'année, quand il a été fait à tant par an; — au mois, quand il a été fait à tant par mois; — au jour, quand il a été fait à tant par jour. — Si rien ne constate que le bail soit fait à tant par an, par mois ou par jour, la location est censée faite suivant l'*usage des lieux*. (Art. 1758 du C. c.)

« Si le locataire d'une maison ou d'un appartement continue sa jouissance après l'expiration du bail par écrit, sans opposition de la part du bailleur, il sera censé les occuper aux même conditions, pour le terme fixé par *l'usage des lieux*, et ne pourra plus en sortir ni en être expulsé qu'après un congé donné suivant le délai fixé par *l'usage des lieux*. (Art. 1759 du C. c.)

« Le bail, sans écrit, d'un fonds rural, est censé fait pour le temps qui est nécessaire afin que le preneur recueille tous les fruits de l'héritage affermé. — Ainsi le bail à ferme d'un pré, d'une vigne, et de tout autre fonds dont les fruits se recueillent en entier dans le cours de l'année, est censé fait pour un an. — Le bail des terres labourables, lorsqu'elles se divisent par soles ou saisons, est censé fait pour autant d'années qu'il y a de soles. (Article 1774 du C. c.)

« Si le bail a été fait sans écrit, l'une des parties ne pourra donner congé à l'autre qu'en observant les délais fixés par l'usage des lieux. (Art. 1736 du C. c.)

« Si, à l'expiration de baux écrits, le preneur reste et est laissé en possession, il s'opère un nouveau bail dont l'effet est réglé par l'article relatif aux locations faites sans écrit. (Art. 1738 du C. c.)

« Le sous-locataire n'est tenu envers le propriétaire que jusqu'à concurrence du prix de sa sous-location dont il peut être débiteur au moment de la saisie, et sans qu'il puisse opposer des payements faits par anticipation. — Les payements faits par le sous-locataire, soit en vertu d'une stipulation portée en son bail, soit en conséquence de *l'usage des lieux*, ne sont pas réputés faits par anticipation. (Art. 1753 du C. c.)

Les articles cités en tête de ce paragraphe, tout clairs et précis qu'ils paraissent, ont donné lieu à une foule de distinctions subtiles et de commentaires spécieux qu'il serait trop long et peut-être inutile d'analyser ; nous ne dirons que ce qui sera nécessaire pour l'intelligence du texte, et, afin d'éviter toute confusion, nous diviserons les questions relatives aux usages locaux que peuvent soulever les disposition du Code.

Quels sont les usages à invoquer dans le déparment pour déterminer la durée de la location d'un appartement meublé, d'une maison ou d'un appartement non meublé, d'une usine, d'un bien rural, quand il n'y a rien de stipulé à cet égard ? (Art. 1758, 1759 et 1774.) Quels sont les délais usités pour le payement des locations ?

Alençon. — La location d'un appartement meublé est censée faite au mois, celle d'une portion de maison ou d'une maison non meublée, d'un bien rural dont les fruits se recueillent en entier dans le courant d'une année, comme un herbage, une chenevrière, un jardin, etc., pour un an ; celle d'une usine, pour trois ans.

La courte durée de la location des appartements meublés vient de ce qu'on ne loue guère à Alençon que des chambres garnies ; s'il s'agissait d'appartements considérables pour lesquels on ne peut pas dire qu'il se soit établi

d'usage, le délai d'un mois ne serait pas applicable, et il y aurait lieu pet-être de les assimi-
miler aux maisons non meublées.

Les baux ruraux ne sont presque jamais de
moins de neuf ans.

Les loyers des maisons et des biens ruraux
se payent en deux termes égaux et à échéance,
ceux des grandes usines de trois mois en trois
mois, et quelquefois d'avance.

Carrouges. — Les maisons se louent à l'année, les biens ruraux détachés des fermes, dits
pièces volantes, sont censés loués pour trois
ans, et cela en vertu d'un usage bien constant.
Le payement des loyers se fait comme à Alençon.

Courtomer. — Il y a chaque année quatre
termes où les locations commencent et auquel-
les elles finissent : le 1er janvier, le 1er mars,
le 24 juin et le 25 décembre. Du reste, pas
d'usage constant pour la durée des baux ni
pour le payement des loyers.

Le Mêle. — Même usage qu'à Alençon, avec
cette différence que les loyers au mois se
payent d'avance.

Sées. — La location verbale d'une maison ou
portion de maison, d'une chambre, d'une
grange ou d'une étable, d'un jardin, d'un pré,
de tous les objets dont on peut jouir entière-

ment dans le courant d'une année, est presque toujours réellement faite pour un an. Les fermes, au contraire, et les pièces de terre en labour, ne se louent pas pour moins de trois ans. Les loyers ne se payent jamais d'avance.

Argentan. — Les locations sont d'un an pour les hôtels et maisons de pareille importance, de six mois pour les maisons moins considérables, mais ayant cave et grenier, de trois mois pour celles qui n'en ont pas. Les locations en garni se font ordinairement au mois ou à la quinzaine. Quant aux usines, on doit, à défaut de convention, les considérer comme propriétés urbaines si les machines font le principal objet du louage, et comme biens ruraux si elles ne sont que l'accessoire du fonds. D'après cette distinction la durée de ces sortes de locations est d'un an dans le premier cas, et se règle dans le second, en raison de l'assolement des terres auxquelles l'usine est jointe.

Putanges et Trun. — Toute location est réputée faite pour un an quand il n'y a pas de conventions écrites. Les loyers se payent à la fin de la jouissance.

Vimoutiers. — Lorsque rien ne constate la durée du bail, la location est censée faite à l'année, et se paye en deux termes égaux, à la Saint-Jean et à Noël. Celle des biens ruraux est réglée d'après l'assolement adopté par le propriétaire ou le fermier ; il n'y a pas d'usage pour les usines.

Domfront, Flers, La Ferté-Macé et Juvigni. — Les appartements meublés ou chambres garnies se louent au mois, et les maisons ou portions de maisons non meublées, à l'année. Le payement des loyers n'est exigible qu'à la fin de la jouissance. Pour les propriétés rurales et les usines, il en est de même que dans le canton d'Athis.

Messei. — Toute location d'habitation est faite à l'année et ne se paye qu'à l'expiration du terme. Les usines se louent pour trois ou six années, selon leur importance ; les loyers se payent par an.

Athis. — A défaut de conventions, toute habitation est censée louée pour un an ; les époques d'entrée en jouissance sont fixées au 25 mars et au 29 septembre ; le payement des loyers ne peut être exigé qu'à l'expiration de l'année de jouissance. La location des biens ruraux est déterminée par l'assolement des terres ; il n'y a pas d'usage constant pour les usines.

Passais, Tinchebrai, Bazoches, Moulins, Rémalard et le Theil. — L'usage est que la location d'une maison, d'un appartement, d'une

chambre, d'une usine, soit considérée comme
faite à l'année, lorsque rien ne constate le contraire. Le locataire n'est tenu de payer qu'à la
fin du terme. Le bail des biens ruraux se règle
d'après l'assolement des terres.

Bellême, Laigle, Nocé et Tourouvre. — Toute
location, quand rien ne constate la durée du
bail, est réputée faite à l'année ; les loyers se
payent ordinairement de six mois en six mois
et à échéance.

Longni. — Les maisons, jardins et prairies
sont, à défaut de bail, censées louées pour un
an ; les biens ruraux sont affermés pour autant
d'années qu'il y a de soles ou saison. Les baux
des maisons commencent à Noël, au 2 février
ou au 1er mars, ceux des propriétés rurales, au
2 février ou au 1er mars. Le payement des
loyers se divise ordinairement en deux termes.

Quels sont les délais fixés par l'usage pour le
    congé à donner ou à recevoir en conformité
    des articles 1736 et 1759 ?

Le tribunal civil d'Alençon a décidé, par un
jugement en date du 8 juillet 1811, que les
baux sans écrit finissaient de plein droit à l'expiration du terme pour lequel ils étaient censés avoir été faits, et qu'en conséquence il n'y

avait pas obligation de donner congé. Ce jugement a d'autant plus d'autorité qu'il a été rendu après une enquête sur les usages alors en
vigueur dans l'arrondissement, et que le tribunal s'est prononcé dans le même sens le 26
juin 1832 et le 3 avril 1837. Cependant deux
cantons, celui de Carrouges et celui de Seès,
prétendent avoir conservé l'usage de donner
congé trois mois à l'avance pour les locations
d'un an, et six mois pour les autres. Cet usage,
nous a-t-on dit, n'a jamais cessé d'exister et
doit être maintenu dans l'intérêt des propriétaires et des locataires, pour lesquels il est
très-important de s'entendre avant l'expiration
du bail, et dans l'intérêt surtout des familles
pauvres qu'un propriétaire pourrait jeter à la
porte au moment même où elles compteraient
sur une tacite reconduction. Nous sommes un
peu de cet avis ; mais, s'il s'engageait un procès, comment échapper à la jurisprudence
constante du tribunal d'Alençon ? Le plus sage
parti est de faire plus qu'on ne doit, et de se
conformer avant tout à l'usage des lieux.

Ce que nous venons de dire s'applique, bien
entendu, au cas où le preneur reste et est laissé
en possession à l'expiration d'un bail écrit,
c'est-à-dire au cas de tacite reconduction, parce
qu'il s'opère alors un nouveau bail dont l'effet

7

est réglé par les dispositions relatives aux locations faites sans écrit.

Le canton d'Argentan a adopté la jurisprudence de la Cour royale de Caen, d'après laquelle les congés sont d'un an pour les hôtels et les maisons de pareille importance, de six mois pour les maisons moins considérables, mais ayant cave et grenier, et de trois mois pour celles qui n'en ont pas ; d'un an pour les fermes, et de six mois pour les prairies.

Dans les cantons de Trun et de Putanges, le délai est de trois mois pour les locations d'un an. Dans le canton de Vimoutiers, de trois mois, pour les locations de 200 fr. et au-dessous, et de six mois pour les autres.

Dans tout l'arrondissement de Domfront, le délai est de trois mois pour les locations de peu d'importance, et de six mois pour les maisons considérables, les usines et les propriétés rurales autres que les prairies et les pièces détachées, dont on peut jouir complétement dans l'espace d'une année.

Dans les cantons de Bazoches, Bellême, Laigle, Moulins, Nocé, Pervenchère, Rémalard, le Theil et Tourouvre, l'usage veut que les congés soient donnés trois mois à l'avance pour les maisons d'habitation, et six mois avant l'expiration du terme quand il s'agit d'une maison de commerce, d'une usine ou d'une exploitation agricole. Le canton de Longui est soumis aux mêmes usages, avec cette différence que les congés pour les usines se donnent un an à l'avance.

Est-il d'usage que les sous-locataires fassent des payements avant le terme échu, de telle sorte qu'on ne puisse, dans ce cas, en vertu du second paragraphe de l'art. 1753, les regarder comme faits par anticipation ?

En principe, le preneur a le droit de sous-louer une partie des objets dont il jouit, et même de céder son bail à un autre si cette faculté ne lui a pas été interdite. Il peut alors imposer au sous locataire des conditions toutes différentes de celles qu'il a souscrites lui-même ; l'obliger, par exemple, à payer les loyers avant le terme échu. Mais on conçoit qu'une pareille faculté donnerait lieu à bien des fraudes si l'on en restreignait l'exercice. Ainsi, pour que les payements ne soient pas considérés comme faits par anticipation, il faut non-seulement qu'ils aient eu lieu en vertu d'une stipulation portée au bail, mais encore que cette stipulation n'excède pas de justes li-

mites, et ne puisse être soupçonnée de fraude.
L'usage des lieux peut, de même qu'une convention particulière, valider le payement fait
avant terme par le sous-locataire, car là où la
coutume oblige le locataire principal à payer
d'avance, on doit présumer que le sous-locataire agit envers son bailleur comme celui-ci
le fait vis-à-vis du propriétaire. L'usage contraire conduit nécessairement à des conséquences opposées, et dans notre département, où
l'on n'a pas coutume de s'acquitter, à l'avance,
des payements faits avant terme seraient considérés comme nuls. Il ne serait donc pas prudent à un sous-locataire de stipuler, même par
écrit, qu'il soldera plusieurs termes à son entrée en jouissance : une pareille convention
serait tellement en dehors des usages que si le
locataire principal devenait insolvable, on
pourrait bien la considérer comme frauduleuse
et obliger le sous-locataire à payer deux fois

§ VII.

Des réparations locatives ou de menu entretien.

« Les réparations locatives ou de menu entretien dont le locataire est tenu, s'il n'y a
clause contraire, sont celles désignées comme
telles par *l'usage des lieux*, et entre autres les

réparations à faire, — aux âtres, contre-cœurs, chambranles et tablettes des cheminées, — au récrépiment du bas des murailles des appartements et autres lieux d'habitation, à la hauteur d'un mètre, — aux pavés et carreaux des chambres, lorsqu'il y en a seulement quelques-uns de cassés, — aux vitres, à moins qu'elles ne soient cassées par la grêle ou autres accidents extraordinaires et de force majeure dont le locataire ne peut être tenu, — aux portes, croisées, planches de cloison ou de fermeture de boutique, gonds, targettes et serrures. » (Art. 1854 du C. c.)

L'art. 1754 déclare réparations locatives toutes celles désignées par l'usage des lieux, et paraît, en conséquence. susceptible d'une application très-étendue. Mais dans notre département les anciens usages se sont perdus peu à peu depuis la promulgation du Code, la Coutume de Paris, dont on observait aussi les principales dispositions, est tombée en désuétude, et l'on s'en tient maintenant, à quelques exceptions près, à la nomenclature fort restreinte de l'article précité. Nous n'aurions donc que très-peu de chose à dire, si nous ne croyions utile d'exposer sur cette matière, qui donne lieu a de si fréquentes contestations, les principales règles à suivre dans la pratique.

En principe, le preneur peut céder son bail
à un autre ou sous-louer une partie de sa jouissance, et le sous-locataire est libre à son tour
de donner à bail le même objet en totalité ou
en partie. Mais le locataire principal reste toujours l'obligé direct du propriétaire, et répond
des faits de son sous-locataire ou sous-fermier.
Seulement il a son recours contre lui et peut
l'appeler en garantie s'il est attaqué lui-même
en payement des réparations locatives par le
propriétaire. Ce même recours appartient au
sous-locataire contre la personne à laquelle il
a cédé ses droits, et peut descendre, de degré
en degré, jusqu'à celui qui se trouve le dernier
en possession de l'héritage ou de l'une de ses
parties.

La faculté de sous-louer peut être interdite
au preneur pour tout ou partie de l'objet de sa
jouissance, et, si cette clause est exprimée dans
le bail, elle est toujours de rigueur. Toutefois,
quand il est dit seulement que le locataire ne
pourra sous-bailler sans *l'agrément* du propriétaire, cela ne doit pas s'entendre en ce sens,
selon nous, que le propriétaire sera complètement libre de donner ou de refuser son autorisation. Au contraire, en cas de dissentiment,
il devra fournir les motifs de son opposition,
lesquels pourront être contredits par le loca-

taire et jugés par qui de droit ; car si telle
n'avait pas été l'intention des parties contrac-
tantes, elles eussent tout simplement inseré
dans le bail la défense formelle de sous-louer.
Au reste, cette rédaction qui se représente trop
souvent, doit être évitée à cause des difficultés
qu'elle peut faire naître.

Les réparations locatives ne sont pas à la
charge du preneur, quand elles sont occasion-
nées par vétusté ou force majeure (art. 1755) ;
mais il n'en est pas exempt si les dégradations proviennent de l'usage même modéré de
la chose louée. Il ne peut pas non plus se prévaloir de l'usage des lieux pour se dispenser
des réparations prescrites par l'art. 1754, qui
partout et sans égard à l'usage observé anté-
rieurement à la loi, doivent être nécessairement à la charge des locataires ou fermiers.

Le locataire est également tenu des réparations autres que celles énumérées en l'art 1754,
lorsque les dégradations ont eu lieu par son
fait ; mais, à leur égard, la présomption de
droit n'est plus contre lui comme au sujet des
réparations locatives, et c'est au propriétaire à
prouver que le dégât qui excède le même entretien a été occasionné par la faute du locataire.

Le Code, dans son article 754, indique cinq

sortes de réparations qui sont nécessairement à la charge des locataires, à moins que ceux-ci ne prouvent, comme nous l'avons déjà fait remarquer, que les objets désignés ont été détériorés par vétusté ou par cas fortuit. Ce sont les réparations à faire :

1° « Aux âtres, contre-cœurs, chambranles et tablettes des cheminées. » On a pensé que le dépérissement de ces objets venait le plus souvent du peu d'attention des locataires qui jettent du bois dans le feu avec trop de force ou qui font un feu plus ardent qu'il ne serait convenable pour la conservation de toutes les parties de la cheminée. Quand les contre-cœurs sont en fonte et qu'ils viennent à casser, les locataires en sont responsables, ainsi que des scellements qui les retiennent. Les croissants servant à retenir les pelles et pincettes, sont aussi à la charge de ceux qui occupent la maison et qui doivent les remplacer quand ils sont perdus ou cassés.

On ne distingue pas si les chambranles et les tablettes des cheminées sont en menuiserie, en pierre ou en marbre ; les locataires en sont responsables quand ces objets sont ou cassés, ou fêlés, ou détériorés d'une manière quelconque par la trop grande activité du feu.

Les tablettes et buffets couverts en marbre, les coquilles et les cuvettes de même matière sont aussi à la charge du locataire, si ces objets ont été écornés ou cassés par sa faute.

2° « Au recrépiment du bas des murailles, des appartements et autres lieux d'habitation à la hauteur d'un mètre. » On a présumé qu'en posant des meubles ou d'autres objets près des murailles, on pouvait détruire l'enduit dont elles sont recouvertes. Mais cette présomption n'existe que pour les lieux d'habitation. Pour une cave, par exemple, les dégradations seraient attribuées à l'humidité, et par conséquent à la charge du bailleur.

3° « Aux pavés et carreaux des chambres, lorsqu'il y en a seulement quelques-uns de cassés. » Ainsi, quand une grande partie des carreaux se trouve feuilletée ou cassée, le locataire n'est pas chargé de la réparation, à moins qu'il n'ait occasionné le dommage, et alors c'est au propriétaire à le prouver. Il en est de même des parquets et des carreaux en marbre ou en pierre de liais. Pour les écuries, pour les grandes cours et les remises destinées à supporter des voitures d'une grande pesanteur, l'obligation du locataire est encore plus restreinte ; il n'est pas tenu de remplacer les pavés cassés ou ébranlés, il doit seulement faire remettre ceux qui auraient été déplacés.

4° « Aux vitres, à moins qu'elles ne soient cassés par la grêle ou autres accidents extraordinaires ou de force majeure. » Le locataire est toujours présumé les avoir reçues sans cassure ni fêlure, tenant bien dans leur châssis et en état de propreté. Le lavage fait donc partie des réparations locatives. Si les vitres tiennent à des panneaux de plomb, la réparation des plombs est à la charge du propriétaire, parce qu'il y a présomption que la vétusté les a détériorés.

Les glaces qui garnissent une maison sont sous la garde du locataire qui doit les rendre nettoyées et entières ; mais il ne répond pas des détériorations causées par l'humidité ; et, si elles se trouvent cassées soit par l'effort des parquets et trumeaux, soit par le tassement ou le gonflement des plâtres, la perte est supportée par le propriétaire.

5° « Aux portes, croisées, planches de cloison ou de fermeture de boutique, gonds, targettes et serrures. » Cela comprend les contrevents et leurs volets, ainsi que tout autre sorte de fermeture ; les chambranles des portes, les lambris d'appui, ceux à hauteur du plancher ; toute espèce de cloison, et généralement toutes les menuiseries d'une maison ; la réparation en est à la charge du locataire, à moins que le dommage ne soit occasionné par vétusté ou cas fortuit.

Si l'on fait percer un trou dans une porte en déplaçant une serrure ou pour toute autre cause, le propriétaire peut exiger qu'on remplace par une planche neuve celle où s'est opéré ce changement.

Les dessus de portes ornés de peintures ou autres tableaux ; ainsi que leurs bordures, sont à la charge du locataire, lorsqu'ils ont été gâtés pendant sa jouissance ; et l'on peut en dire autant des objets de sculpture et des autres ornements, s'ils ont été cassés ou détériorés autrement que par vétusté ou force majeure.

Les croisées sont quelquefois garnies de tringles en fer, et de croissants ou autres objets destinés à soutenir les rideaux ; si ces diverses choses manquent ou sont cassées, le locataire doit les remplacer, ou prouver que leur détérioration ne vient pas de sa faute.

Il en est de même des balcons, des grilles, des treillis de fil de fer ou de laiton ; s'il y manque quelques pièces, la présomption est que le locataire en est cause.

Enfin, toute la serrurerie des portes, des

fenêtres, des armoires, est mise par le Code au nombre des objets dont les réparations sont locatives. Ainsi elle est présumée avoir été livrée en bon état ; si donc, quelques fers sont descellés ou cassés, si les serrures sont forcées, si les clefs s'en trouvent brisées, le locataire en est responsable.

Telles sont, d'après le *Nouveau Desgodets*, les conséquences de l'art. 1754. Les deux cantons d'Alençon sont les seuls où l'usage ajoute quelque chose aux dispositions du Code. Le locataire est tenu à sa sortie de blanchir les plafonds à l'eau de chaux, à moins que le bail ne porte que ce travail n'a pas été fait lors de son entrée en jouissance ; mais il n'est pas obligé de refaire les peintures à la colle ou à l'huile.

Il en est de même des murs intérieurs et des escaliers ordinairement blanchis à la chaux. Si le locataire ne peut pas prouver que le blanchiment n'en a pas été fait à son entrée, il doit en tenir compte au propriétaire à la fin du bail.

Ce que nous venons de dire des maisons s'applique également aux bâtiments des fermes et usines. Quand aux biens ruraux, on ne trouve rien de spécial dans la loi, sur les réparations locatives qui les concernent ; mais, en

vertu des principes généraux et de l'usage
des lieux, les fermiers sont tenus à certaines
obligations qu'on peut considérer comme des
charges d'entretien. Ainsi, d'après l'art. 1766,
le fermier doit cultiver en bon père de famille ;
d'où il suit qu'il ne peut se dispenser d'entre-
tenir en bon état les clôtures des herbages et
des terres labourables, de curer des fossés, de
rétablir les saignées d'assainissement que le
propriétaire aurait faites. S'il négligeait de
s'acquitter de ces divers soins, il pourrait être
contraint de réparer le dommage à la fin du
bail ou à payer quelquefois d'assez fortes in-
demnités.

Ce sont là les principes qui régissent notre
département, et, dans le canton de Tinchebrai,
on y ajoute une obligation qui est pour le fermier de réparer à ses frais les couvertures en
chaume, en tant que les pailles de sa récolte
peuvent y suffire.

Le Code ne parle pas non plus des réparations
locatives de l'outillage des usines. Il existait
autrefois à cet égard des usages qui se sont
perdus, parce que, tout sévères qu'ils étaient,
ils ne suffisaient pas à garantir les intérêts des
propriétaires. Aujourd'hui, on y supplée presque partout par des beaux écrits, dans lesquels
on met à la charge du preneur l'entretien et la

réfection même de tous les objets qui se trouvent détériorés soit par usure, soit par cas fortuit. Cependant, pour les moulins, l'usage est encore dans quelques localités de faire l'estimation du mécanisme au commencement et à la fin du bail : si la dernière prisée est plus forte que la première, le propriétaire rembourse au locataire ce qu'elle vaut de plus, et si le contraire arrive, le locataire paye au propriétaire ce que la dernière prisée vaut de moins. Par conséquent, le locataire n'est pas obligé de remettre les choses dans l'état primitif, et cela se conçoit aisément : les objets qu'on le forcerait à remplacer n'auraient aucune valeur pour lui, tandis qu'ils peuvent encore avoir du prix pour le propriétaire. Celui-ci étant indemnisé de la moins value, n'a pas intérêt à exiger un remplacement souvent très-onéreux pour le locataire et dont il ne tirerait aucun profit.

§ VIII.

Des obligations des fermiers entrants et sortants.

« Le fermier sortant doit laisser à celui qui succède dans la culture, les logements convenables et autres facilités pour les travaux de l'année suivante ; et réciproquement, le fermier entrant doit procurer à celui qui sort les logements convenables et autres facilités pour la consommation des fourrages, et pour les récoltes restant à faire. Dans l'un et l'autre cas, on doit se conformer à l'*usage des lieux*. » (Art. 1777 du Code c.)

Les usages sur cette matière ne diffèrent pas essentiellement chez nous d'une localité à l'autre, et nous pourrions citer plusieurs cantons régis à peu près par les mêmes habitudes ; mais comme les plus petits détails ici sont importants à constater, nous transcrirons séparément toutes les réponses qui nous ont été faites.

Alençon (est et ouest). D'après l'usage du pays, les baux à ferme commençant à Pâques, le fermier entrant arrive au moment même d'ensemencer les menus grains, orges, avoines, etc. Dès lors l'ancien fermier ne conserve plus aucun droit aux bâtiments d'habitation. Quant à ceux qui servent à l'exploitation, il doit également laisser toute liberté au nouveau fermier, à moins qu'il n'ait encore du foin à faire consommer. Dans ce cas, il a le droit de le faire manger dans la grange par ses bestiaux, dont il fait la litière avec de la paille de froment, et ce tant qu'il y a du foin de la récolte précédente ; sans pourtant que cette faculté puisse se prolonger au delà du 31 mai, époque à laquelle il n'a plus rien à conserver sur la ferme que les gros grains qu'il récoltera au mois d'août suivant. Cette récolte faite, le grain est transporté dans la grange et battu assez à temps pour que la paille ne se trouve pas endommagée, c'est-à-dire dans le courant de l'hiver. Le fermier sortant n'est pas tenu de botteler la paille des gros grains récoltés après sa sortie, il la remet, au fur et à mesure du battage, à la disposition du nouveau fermier qui s'en arrange comme il l'entend.

Carrouges. Les baux des fermes commencent habituellement à la Saint-Michel (29 septembre). S'il y a deux habitations, le fermier entrant occupe l'habitation principale ; s'il n'y en a qu'une, le fermier sortant conserve un lit dans la maison, avec droit au feu jusqu'à ce qu'il ait battu ses grains et pressuré ses fruits. Les grains doivent être battus avant le 1er mars et de manière à fournir au nouveau fermier les pailles dont il a besoin. L'ancien fermier peut les laisser dans les greniers jusqu'à la St-Jean (24 juin), et il peut aussi jusqu'à la même époque occuper les caves ou celliers pour y placer ses cidres.

Le fermier sortant est chargé de la récolte des foins, mais c'est l'entrant qui les fait consommer, moins la petite quantité nécessaire à la nourriture des chevaux et bêtes de trait employés aux récoltes faites par l'ancien fermier et à la façon du cidre.

Si le bail finit au mois de mars ou au mois d'avril, le fermier sortant doit quitter immédiatement ; seulement il peut laisser son grain et son cidre jusqu'à la Saint-Jean.

Le fermier sortant à la Saint-Michel fait les guérets à blé dans les terres qui ne sont pas ensemencées en sarrazin ; celui qui sort au mois de mars ou à Pâques fait les guérets à menus grains.

Dans ce canton, l'usage a consacré une exception importante à l'art. 1774, qui veut que la location sans écrit des biens ruraux soit censée faite pour autant d'années qu'il y a de soles ou saisons. Cette exception, que nous avons indiquée déjà au cinquième paragraphe de ce recueil, consiste en ce que les pièces de terre labourable, dites pièces volantes, sont considérées comme louées pour trois ans, bien que l'assolement ordinaire du pays soit de six années ; l'usage, comme on le voit, est en opposition directe avec l'art. 1774, et cependant on l'observe toujours, sans tenir compte des dispositions du code. Qu'arriverait-il donc si quelque fermier voulait s'y soustraire ? Nous

8

pensons qu'il serait fort difficile de ne pas lui accorder gain de cause, parce que la loi a décidé de la manière suivante la plus positive que les baux de terres labourables faits sans écrit seraient réglés d'après l'assolement usité dans le pays, et qu'elle a, par cela même, tacitement abrogé tous les usages contraires.

Courtomer. L'époque d'entrée en jouissance est fixée au 1er mars. Le fermier sortant est obligé de laisser au fermier entrant la principale habitation et des bâtiments d'exploitation.

Il a droit : 1° à un appartement qui est le plus souvent le fournil, jusqu'au 15 mars de l'année suivante ; 2° aux étables et aux écuries, jusqu'au 15 mai de l'année de sa sortie, pour faire consommer par ses bestiaux les fourrages qui lui appartiennent ; 3° à la cave, jusqu'au 24 juin de la même année ; 4° à la grange, jusqu'au 15 mars de l'année suivante, époque à laquelle il doit avoir terminé le battage de ses grains.

Le fermier entrant doit lui fournir les greniers nécessaires pour le logement de ses grains.

Le Mesle-sur-Sarthe. A la fin du bail, le fermier sortant ne conserve qu'une chambre à feu dans les bâtiments d'habitation, pour loger les gens de service chargés de garder les bestiaux qu'il laisse à l'étable, quand il lui reste des fourrages à consommer, et pour donner retraite aux ouvriers employés à faire la moisson et à engranger les blés.

Il a le droit d'occuper les caves de la ferme jusqu'à la Saint-Jean, pourvu qu'il n'empêche pas son successeur d'y loger le cidre dont il a besoin, c'est-à-dire deux ou trois pipes, selon l'importance de l'exploitation.

Il peut aussi garder ses bestiaux dans les étables jusqu'au 15 mai qui suit l'expiration du bail. A cette époque, il abandonne au fermier entrant tous les fourrages restant à consommer, sans être dispensé pour cela de tenir compte au propriétaire, des fourrages qu'il aurait reçus au commencement de sa jouissance. Ceux qu'il laisse entrent seulement en déduction. Les pailles de blé et de seigle, appelées grosses pailles, étant exclusivement destinées à fournir la litière, ne doivent pas servir à la nourriture des bestiaux.

Le fermier sortant loge ses grains dans la grange de la ferme et non ailleurs ; c'est là aussi qu'il doit les faire battre, non pas immédiatement après la récolte, mais dans le courant de l'hiver, afin que les pailles se conservent bien.

Il est tenu de lier la paille au fur et à mesure
qu'il bat le grain ; son successeur se charge
de la mettre en tas et la place où il lui convient.

Enfin l'enlèvement des fumiers qui se trouvent dans les étables après que les bestiaux en
ont été retirés, doit être fait par le nouveau
fermier.

Sées. Il est d'usage que le fermier sortant
fasse consommer sur la ferme qu'il quitte les
pailles et foins qui peuvent lui rester.

Les grains récoltés après sa sortie, qui a toujours lieu au commencement du mois de mars,
sont engrangés dans les bâtiments de la ferme
avec les grains du fermier entrant. Celui-ci
doit donner les clefs de la grange toutes les
fois qu'il en est requis, mais il en reste dépo-
sitaire.

Le fermier sortant ne peut plus, à partir du
1er janvier, mettre ses bestiaux dans les prés
de la ferme qu'il doit quitter.

Argentan. Le fermier sortant évacue à la fin
du bail les bâtiments ou le siège de l'exploitation ; il retient seulement les lieux nécessaires
à la perception de ses fruits et à la confection de
ses travaux de sortie. Il garde jusqu'à la Saint-
Jean qui suit sa sortie, dans les caves, les
granges et les greniers de la ferme, tout l'em-

placement dont il a besoin. On lui accorde le logement pour les personnes et les animaux qu'il emploie à l'achèvement de son exploitation.

Quelquefois l'habitation est mise à la disposition des deux fermiers, ou bien le fermier sortant conserve seulement le fournil.

Les fourrages récoltés, à l'exception de ceux nécessaires à la nourriture des bêtes de service faisant les travaux de sortie et opérant le transport des denrées au marché, appartiennent au nouveau fermier.

Le fermier sortant fait les labours qu'il a trouvés en entrant. Il porte les fumiers sur les champs où il les a reçus. Il ne doit pas laisser ses animaux dans les herbages après qu'il a quitté les bâtiments de la ferme.

Putanges. Le fermier sortant conserve une chambre dans les bâtiments de la ferme. Il a droit à une ou plusieurs places dans l'écurie, selon l'importance de l'exploitation, pour ses chevaux de service. Le fermier nouveau doit lui donner toute facilité pour piler ses fruits, engranger sa récolte et battre ses grains. Les labours préparatoires doivent être faits par l'ancien fermier.

Trun. Il n'y pas d'usage constant, les obligations des fermiers entrants et sortants sont toujours réglées par des baux écrits.

Vimoutiers. L'assolement triennal est presque exclusivement suivi dans le canton. On distingue toutefois deux sortes de fermes les unes dites *fermes de vallées* (ce sont les plus nombreuses), les autres dites *fermes de campagnes*. Quoique le mode de culture soit à très-peu de chose près le même, les usages diffèrent sous certains rapports.

Dans toutes les fermes, le fermier sortant doit évacuer le bâtiment principal la veille du jour de Noël. Il conserve 1° la jouissance du four, ou à défaut de four, celle d'un appartement ayant une cheminée; 2° celle de la cave principale jusqu'à la Saint-Michel; celle de la grange ou de l'une des granges, pour placer et y faire battre le blé de la récolte qui lui reste à faire.

Dans les fermes de vallées, le fermier peut laisser tous ses bestiaux à l'étable jusqu'à la fin de mars et faire consommer tous les fourrages. Il n'est tenu de laisser que les pailles de blé qu'il récolte au mois d'août qui suit l'époque de sa sortie. Il doit faire battre le produit de cette dernière récolte, de manière à livrer au fermier entrant un tiers des pailles avant la Toussaint, un tiers à Noël et le dernier tiers

au 1er mars. Il ne peut jamais enlever de fourrages, à moins de conventions particulières.

Dans les fermes de campagne, le fermier sortant peut faire consommer avant Noël le tiers
des pailles de toute espèce, avec obligation de
ne pas dépasser cette quantité, le surplus devant rester au fermier entrant. Il peut jusqu'à
la même époque faire consommer tous les
fourrages, à la charge néanmoins d'en laisser
sur la ferme autant qu'il en aurait trouvé. Il ne
peut enlever de foins que dans le cas où il en
aurait apporté, et seulement pour une quantité
égale. Il doit emmener tous ses bestiaux la
veille de Noël.

Athis. Les baux des fermes commencent le
25 mars ou le 29 septembre.

Le fermier entrant prend possession des
bâtiments d'habitation, des écuries et des étables. Le fermier sortant conserve la boulangerie, à la charge de laisser le nouveau fermier
cuire son pain au four; il garde les clefs des
caves où sont renfermées ses boissons et celles
des greniers, jusqu'au 24 juin. S'il y a des
récoltes à faire, ou seulement des grains à
battre selon que le bail commence au 25 mars
ou au 29 septembre, il conserve la jouissance
des greniers et des granges jusqu'au mois de
mars de l'année suivante. Après sa sortie, il ne

peut nourrir avec les fourrages de la ferme que les chevaux ou bêtes de trait employées à la récolte.

Domfront. Si le bail finit à Pâques, le fermier sortant ensemence les deux tiers des terres labourables et laisse l'autre tiers au fermier entrant. A partir du 25 décembre qui précède son entrée, le fermier nouveau fait les litières sous les bestiaux du fermier sortant et profite des fumiers.

Le fermier sortant jouit exclusivement de l'aire à battre le grain et des *logereaux* pour mettre ses grains à l'abri. Cette jouissance se prolonge ordinairement jusqu'à l'époque où l'on bat le sarrasin. Pendant tout ce temps, le fermier sortant a droit à un appartement à feu ou au foyer de la ferme quand il n'y en a qu'un seul.

Si le bail expire au 16 octobre, le fermier entrant fait les litières sous les bestiaux du fermier sortant à commencer de la Saint-Jean qui précède l'entrée, et profite des fumiers à partir de cette même époque.

Il laisse à son prédécesseur, la jouissance du pressoir à cidre jusqu'à Noël, et celle d'un appartement à feu pour y préparer sa nourriture.

La Ferté-Macé. Le fermier sortant doit enle-

ver ses poirés au 1ᵉʳ janvier et ses cidres au
15 avril ; il doit vider les granges au 15 mars,
et jusqu'à cette époque il fournit à son successeur les pailles dont il a besoin. Pour les autres
obligations, on se conforme aux art. 1777 et
1778 du C. c.

Flers. Les usages varient dans ce canton
suivant l'époque où commence le bail. Si c'est
à la *Marchéque*, le fermier sortant abandonne
à son successeur la maison d'habitation, l'étable, l'écurie, le toit à porcs et la chambre à
fruits, et partage avec lui la jouissance de la
boulangerie. Il conserve les greniers jusqu'à
la Saint-Jean, en laissant toutefois au fermier
entrant la facilité d'y mettre son sarrasin ; jusqu'à la même époque, il a droit à un logement
pour faire ses récoltes, qu'il doit battre de
manière à fournir à son successeur toute la
paille qui lui est nécessaire. Au moment où son
bail finit, il est tenu de laisser un tiers de la
terre libre et une quantité d'engrais égale à
celle qu'il a trouvée en entrant.

Lorsque le bail commence à la Saint-Michel,
le fermier sortant est tenu de couper et de
récolter les foins sans pouvoir en faire consommer aucune partie. Il a droit jusqu'à la Saint-
Jean suivante à un logement, aux greniers et à

la cave. Le fermier entrant fait tous les labours.

L'usage qui met la récolte des foins à la charge du fermier sortant, quoiqu'il n'en profite pas, peut paraître assez onéreux; mais il faut penser que les mêmes avantages lui ont été faits lors de son entrée en 'jouissance, et qu'il les retrouvera s'il reprend une autre ferme dans le canton.

Juvigni. On se conforme dans ce canton à l'art. 1777 quant aux facilités réciproques pour la culture des terres, la façon des récoltes et la consommation des fourrages. Si le bail finit à Pâques, le fermier sortant a droit à la jouissance des granges jusqu'à la fin de décembre.

Messei. Le fermier sortant à Pâques fait les gros grains et les avoines, il ensemence un cinquième ou un sixième des terres suivant l'assolement précédemment adopté. Il a le droit, pendant la récolte, de préparer sa nourriture et celle de ses gens de service chez le fermier entrant, et ordinairement même il conserve, à cet effet, un appartement dans les bâtiments de la ferme.

Il a jusqu'au 15 août la jouissance de la cave, et jusqu'à la Saint-Jean de l'année suivante celle de la grange. Toutefois, le fermier en-

trant a le droit de déposer dans la cave les boissons nécessaires à sa consommation.

Si le bail expire à la Saint-Michel, les seules relations qu'aient les fermier entre eux
sont relatives à la cave et à la grange.

Passais. Les obligations des fermiers entrants
et sortants sont différentes, selon que le bail
commence à la Saint-Georges (23 avril) ou à
la Saint-Michel (29 septembre).

Dans l'un et l'autre cas, on suit l'assolement
triennal. Un tiers du terrain est ensemencé en
gros grain, froment et seigle, un tiers en petit
grain, sarrasin, orge et avoine, et le troisième
tiers reste en jachère ou en herbe, souvent
avec des genêts.

Le fermier entrant à la Saint-Georges a dû
commencer au 25 décembre précédent à faire
les litières sous les bestiaux du fermier sortant, et à retirer les fumiers des étables. Il
ensemence le tiers de la ferme en petits grains,
au temps convenable pour chaque espèce, et
profite de la récolte. Les fruits, pommes et
poires, l'herbe des pâtures, le foin et les
pailles à engranger lui appartiennent également.

Le fermier sortant a dû faire les gros grains,
et c'est lui qui les récolte. Par conséquent, il
est obligé de revenir sur la ferme longtemps

après l'avoir quittée pour couper, battre et enlever son grain. Cet usage fort incommode, fait que la coutume de louer à la Saint-Georges se perd peu à peu, et que les baux commençant à cette époque deviennent de plus en plus rares.

Le fermier entrant à la Saint-Michel doit venir faire la litière et préparer les fumiers dès le 24 juin. Il fait en temps utile, c'est-à-dire vers les commencement de février, les travaux d'irrigation des prairies, et plus tard, la récolte des foins.

Le fermier sortant doit couper le seigle à 25 centimètres de hauteur, afin que le chaume puisse servir de litière. Le froment doit se couper plus bas et ordinairement à 13 centimètres, la paille en étant réservée pour la nourriture des bestiaux. Les pailles sont logées par le fermier entrant au fur et à mesure que le grain est battu. Les pailles de sarrasin, qui ne servent qu'à la litière, sont mises en meules hors des bâtiments.

Le fermier sortant ne doit laisser pâturer ses bestiaux dans les prés que jusqu'au 25 décembre qui précède la fin du bail. Le 16 octobre, à midi, il doit livrer à son successeur les bâtiments d'habitation et les étables.

D'après ce mode de jouissance, le fermier

sortant a, comme on le voit, toute la récolte, à l'exception des foins et des pailles, tandis qu'il n'a que les gros grains lorsque le bail commence à la Saint-Georges.

Tinchebrai. Les époques d'affermement sont les mêmes que dans le canton de Passais, mais l'assolement des terres est différent. La culture étant divisée en quatre saisons, on ensemence un quart de la terre en sarrasin, du 25 mai au 12 juin, pour en faire la récolte du 25 septembre au 15 octobre ; un quart en froment, du 20 octobre au 25 décembre, et un autre quart en avoine ou en orge, dans les premiers jours de mars ; la quatrième portion reste en jachère ou est mise en prairie artificielle.

Le fermier sortant au 25 mars a dû faire les froments et doit ensemencer les avoines. Le fermier entrant ne fait que les sarrasins.

Le fermier sortant doit 1° céder à son successeur le logement principal ; 2° vider les caves au 24 juin, en réservant toutefois les boissons dont il a besoin pour la récolte d'août ; 4° fournir un grenier ou une partie de grenier pour que le fermier entrant y dépose son sarrasin ; 4° déguerpir entièrement le 25 mars, c'est-à-dire un an après l'expiration de sa jouissance. Si, à cette époque, il avait encore des grains de sa récolte d'août, il pourrait occuper les greniers trois mois de plus.

Il n'est tenu de laisser à sa sortie ni paille ni engrais; l'usage est même qu'il fasse tout consommer ou pourrir, parce qu'il a le droit d'employer ses derniers fumiers à cultiver une partie de la jachère, ou à faire des menus grains et du blé de mars. Il en résulte que le fermier entrant ne trouve aucuns fourrages et est obligé d'en apporter pour nourrir ses bestiaux en attendant que les herbes soient venues.

Si le bail finit à la Saint-Michel, le fermier sortant est tenu : 1° d'abandonner à son successeur le logement principal, et de partager avec lui la jouissance des greniers et des caves; 2° de faire la récolte des foins, bien qu'il ne puisse en distraire que ce qui est nécessaire à la nourriture de ses chevaux pendant les récoltes; 3° de laisser une quantité de pailles et d'engrais égale à celle qu'il a reçue à son entrée; 4° de souffrir que le fermier entrant sème du trèfle dans les cultures où il est d'usage de le faire; 5° de battre ses grains de manière à lui fournir, au fur et à mesure, toute la paille dont il a besoin pour la nourriture et la litière de ses bestiaux; 6° de vider complètement les lieux le 24 juin qui suit l'expiration du bail.

Baxoches et *Bellême*. Ces deux cantons n'ont pas d'usage constant.

Laigle. D'après l'usage, l'entrée en jouissance des fermes est fixée au jour de Noël. Le fermier sortant ne peut battre et faire consommer que la moitié des pailles et fourrages de la récolte de l'année. Il fait, avant sa sortie, les ensemencements en blé, et récolte son grain au mois d'août suivant. Il a jusqu'à la Saint-Jean qui suit cette dernière époque pour battre son blé ; mais il doit faire ce battage de manière à fournir au fermier entrant, au fur et à mesure de ses besoins, les pailles qui lui sont nécessaires.

Le fermier entrant doit laisser à la disposition de l'ancien fermier 1° un logement qui est ordinairement le fournil ; 2° une cave, s'il y en a plusieurs, ou au moins la place de mettre une ou plusieurs pipes de cidre, selon ses besoins, pour les travaux qui lui restent à faire ; 3° une grange ou une portion de grange pour y déposer ses grains et en faire le battage ; 4° un grenier pour ramasser les grains battus et mettre en réserve le foin nécessaire à la nourriture des chevaux pendant les récoltes.

Longni. Dans la partie de ce canton qui avoisine la Beauce, les terres sont généralement divisées en quatre saisons, et dans l'autre portion l'on a conservé l'assolement triennal ; mais, quel que soit le mode de culture, le fermier sortant doit faire tous les labours qu'il a trouvés faits à son entrée et laisser la terre dans un état absolument semblable à celui dans lequel il l'a reçue.

Il n'a droit qu'à une seule grange, pour y déposer sa récolte, quelque considérable qu'elle soit, et pendant la récolte il doit nourrir les chevaux qu'il emploie. S'il sort à Noël, il doit laisser la moitié des fourrages et des pailles de blé et les trois quarts de celles de mars. Si le bail expire à la Chandeleur (2 février) ou au 1er mars, il ne doit laisser que le tiers des fourrages et des pailles de blé et la moitié des pailles de mars. Ces conditions, toutefois, ne lui sont imposées par l'usage qu'à défaut de conventions particulières. Enfin, pour que la paille ne manque pas au fermier entrant, l'ancien fermier doit avoir battu la moitié de sa récolte à Noël, les trois quarts au 1er février, et le dernier quart au 1er avril.

Moulins-la-Marche. Le fermier entrant est tenu d'abandonner à son prédécesseur 1° l'usage exclusif de la grange jusqu'au 1er mars qui suit l'expiration du bail ; 2° un grenier pour y déposer son blé jusqu'à la Saint-Jean ; 3° une cave ou partie de cave pour garder sur les lieux les boissons nécessaires aux ouvriers employés à la récolte et au battage des grains ; 4° un appartement convenable pour préparer la nourriture des gens de service jusqu'à la fin des travaux, dont le terme est fixé à un an ou à quatorze mois après la sortie de l'ancien fermier.

Dans quelques communes du canton, le fermier nouveau est encore tenu de laisser au fermier sortant, jusqu'au 15 mai, la jouissance d'une écurie pour y faire consommer par ses bestiaux les fourrages qui lui restent.

Nocé. En principe, les fermiers sortants sont tenus de faire tous les travaux qui, par leur nature ou d'après l'usage et d'après la nature du sol, doivent être effectués au moment de leur sortie. Cependant, le contraire a souvent lieu eu exécution des baux et états de lieux.

Quoi qu'il en soit, voici ce que l'usage ordonne à défaut de stipulations particulières :

Le fermier sortant ne conserve sur les bâtiments d'autre droit que celui d'engranger les récoltes qui lui appartiennent à sa sortie, et de loger dans un bâtiment quelconque les ouvriers et les chevaux qu'il y emploie. Il prend sur la

9

ferme les fourrages nécessaires à la nourriture des bêtes de trait dont il se sert pour rentrer sa récolte. Il ne conserve aucun droit sur les bâtiments et lieux destinés au logement du fermier et de ses domestiques.

Il doit battre sa récolte de la manière suivante : un tiers avant la Toussaint, un tiers de la Toussaint à Noël, un tiers de Noël au 1er mars.

Il doit, lorsqu'il n'y a pas de granges à mars, partager avec le fermier entrant la jouissance de l'aire à battre, de manière à l'occuper alternativement par quinzaine.

Il est tenu de se conformer à l'usage établi de peigner au râteau la paille à blé, pour en retirer les feuilles sèches, l'herbe et les épis égrenés, qu'il fait mettre par petites bottes et qui profitent comme fourrages d'hiver.

De cet usage naît pour le fermier sortant l'obligation de battre son blé, par tiers aux époques ci-dessus indiquées, afin que le fourrage qu'on en tire puisse être consommé au fur et à mesure et ne contracte pas de mauvaise odeur en vieillissant, ou ne soit pas endommagé par toute autre cause. D'ailleurs, si le fermier sortant battait trop tard, le nouveau fermier serait obligé de faire consommer des foins et des trèfles qu'il a intérêt à économiser;

et ne pourrait plus profiter des fourrages d'hiver provenant des blés, parce que les bestiaux, dès que le printemps arrive, refusent ordinairement les fourrages secs ou s'en nourrissent mal.

Une circonstance qui se représente assez souvent dans ce canton donne toujours lieu à des difficultés très-graves entre les deux fermiers ; c'est lorsque le fermier sortant possède à la fin du bail une quantité de fourrages supérieure à celle qu'il doit laisser, et que se fondant sur l'art. 1777, il veut conserver les logements et autres facilités nécessaires pour la faire consommer. Où le fermier entrant logera-t-il ses bestiaux si le fermier sortant garde une partie des étables et des écuries, et si la ferme n'en est pas suffisamment pourvue ? « J'ai souvent eu beaucoup de peine, nous a dit M. le Juge de paix, à concilier en pareil cas les prétentions des parties opposées, et il serait à désirer qu'on eût toujours soin de fixer dans les baux, par des conventions spéciales, les droits de chacun à cet égard. Il y aurait peu d'inconvénients, par exemple, à ce que le fermier sortant fût privé de tout droit sur l'excédant de fourrage qui existe à sa sortie, lorsqu'elle a eu lieu au 2 février et surtout au 1er mars (terme le plus ordinaire), parce que, depuis la récolte jusqu'à ces deux époques, il peut aisément faire consommer tous les fourrages auxquels il a droit, et que, s'il ne l'a pas fait, c'est presque toujours en vue d'une spéculation blâmable ou par suite d'un mauvais vouloir pour le fermier qui lui succède. » Au reste, ajoute M. le Juge de paix, beaucoup de baux renferment déjà une stipulation qui consacre cette manière d'éviter les difficultés, et nous engageons les propriétaires à suivre la même méthode.

Ordinairement, lorsque le nouveau domicile du fermier sortant est éloigné, il s'arrange avec le fermier entrant ou avec quelque voisin pour faire *trempager* les ouvriers (préparer leur nourriture) qu'il emploie à sa récolte. Il résulte de cet arrangement que le fermier sortant reconnaît n'avoir plus aucun droit au foyer de la ferme.

Pervenchères. Le fermier sortant doit laisser à son successeur le tiers des grosses et menues pailles et des foins de sa dernière récolte. Il est tenu de battre ses grains aux mêmes époques que dans le canton de Nocé. S'il a plus de pailles et de fourrages qu'il n'en doit laisser sur la ferme, il peut les faire consommer par ses bestiaux, soit à l'étable, soit dans la grange, et ce jusqu'à la Saint-Jean qui suit l'époque de

sa sortie. Il doit faire autant d'ensemencements en trèfle qu'il en a trouvés à son entrée.
Il n'est pas obligé de botteler les grosses pailles
de sa dernière récolte, mais il doit en séparer
les balles au profit du fermier entrant. Il ne
peut faire pâturer ses bestiaux dans les prés
après la Saint-André (30 novembre).

Rémalard. Le fermier sortant au 1er mars
fait habituellement, avant l'hiver, les labours
préparatoires pour les *mars* ; s'il ne les a pas
trouvés faits à son entrée ou s'il en est dispensé
par son bail, le fermier nouveau s'en arrange
comme il l'entend, sans que l'ancien fermier
soit obligé de lui fournir le logement avant
l'expiration du bail.

Le fermier sortant, en quittant la ferme,
emmène tout son monde et tous ses bestiaux,
et n'y revient que pour faire la récolte d'août.

Le Theil. Si le fermier sortant n'est pas
obligé dans sa dernière année de semer du
trèfle, l'usage veut qu'il laisse faire cet ense-
mencement par celui qui doit lui succéder. On
se conforme du reste aux prescriptions de l'article 1777.

Tourouvre. Il n'y a pas dans ce canton
d'usage particulier ; les deux fermiers doivent,
en vertu de l'article 1777, se procurer réciproquement toutes facilités pour l'accomplissement

de leurs travaux et la jouissance de leurs droits.

§ IX.

Du parcours et de la vaine pâture.

« La servitude réciproque de paroisse à paroisse, connue sous le nom de parcours, et qui entraîne avec elle le droit de vaine pâture, continuera provisoirement d'avoir lieu avec les restrictions déterminées à la présente section, lorsque cette servitude sera fondée sur un titre ou sur une possession autorisée par les lois et les *coutumes* ; à tous autres égards, elle est abolie. » (Loi du 28 septembre, — 6 octobre 1791, section IV, art. 2.)

Le droit de vaine pâture dans une paroisse, accompagné ou non de la servitude du parcours, ne pourra exister que dans les lieux où il est fondé sur un titre particulier, ou autorisé par la loi ou par un *usage local immémorial,* et à la charge que la vaine pâture n'y sera exercée que conformément aux *règles* et *usages locaux* qui ne contrarieront point les réserves portées dans les articles suivants de la présente section. » (*Idem,* art. 3.)

Le droit de parcours et celui de vaine pâture ont beaucoup d'analogie et se rapportent également à la libre pâture des troupeaux sur les terres d'autrui ; mais ils diffèrent néanmoins en un point important. Le parcours est le droit qu'ont les habitants de deux ou d'un plus grand nombre de communes de faire paître leurs bestiaux sur les héritages les uns des autres. On le nomme aussi compascuité, c'est-à-dire parcours de commune à commune. La vaine pâture, au contraire, ne s'exerce qu'entre les habitants d'une même commune, et ne donne pas toujours le droit de parcours, tandis que le parcours entraîne nécessairement la vaine pâture.

Ces deux usages, plus répandus autrefois qu'ils ne le sont aujourd'hui, formaient un obstacle insurmontable à la suppression des jachères, s'opposaient à la formation des prairies artificielles, empêchaient d'obtenir des regains dans les prairies naturelles, et contribuaient à propager les épizooties par le déplacement et le mélange des troupeaux. Les inconvénients qui en résultaient, avaient tant de gravité, qu'à l'époque même où l'on était le plus porté à favoriser les classes pauvres, le pouvoir législatif en a restreint l'exercice dans d'étroites limites. Ainsi la loi du 28 sept.-6 octobre 1791 a décidé que les droits de parcours et de vaine pâture cesseraient d'exister partout où ils ne seraient pas fondés sur un titre,

autorisés par une loi ou par un usage local
immémorial; qu'en aucun temps, il ne s'exer-
ceraient sur les prairies artificielles; qu'ils ne
pourraient avoir lieu sur un terrain ensemencé
ou couvert de quelques productions, qu'après
la récolte, et sur les prairies naturelles, qu'a-
près l'enlèvement de la première herbe; que
tout propriétaire aurait la faculté de s'en
affranchir, soit en renonçant à ses propres
droits et en faisant garder, par troupeaux séparés, un nombre de têtes de bétail propor-
tionné à l'étendue de son exploitation, soit en
faisant clore son héritage; enfin, que l'autorité municipale en réglerait l'exercice lorsqu'il
ne resterait pas de documents positifs à cet
égard.

Nous ajouterons que la même loi n'a maintenu que provisoirement le parcours et la vaine
pâture, ce qui prouve dans quel esprit de restriction elle a été rendue; mais ce provisoire a
surpassé en durée beaucoup de choses qu'on
croyait fermes et stables à toujours; il subsiste
encore, et aucune disposition législative n'est
venue réaliser les espérances qu'avait fait con-
cevoir la loi de 1791.

Le territoire du département de l'Orne était
régi autrefois par les articles suivants de la
coutume de Normandie:

Art. 81. « Toutes terres cultivées et ensemencées sont en défens en tout temps, jusqu'à ce que les fruits soient recueillis. »

Art. 82. « Les prés, terres vides et non cultivées sont en défens depuis la mi-mars jusqu'à la Sainte-Croix en septembre : et en autre temps elles sont communes, si elles ne sont closes ou défendues d'ancienneté. »

Art. 84. « Les chèvres et porcs et autres bêtes malfaisantes sont en tout temps en défens. »

Un arrêt du Parlement de Rouen, du 20 juillet 1741, défendait aussi « à tous bergers, porchers, vachers et autres, de mener leurs bestiaux dans les terres moissonnées, plus tôt que vingt-quatre heures après l'enlèvement des gerbes. »

On voit donc qu'autrefois le parcours et la vaine pâture ne s'exerçaient que dans de certaines limites, qui se sont trouvées resserrées encore par la loi de 1791. Aujourd'hui, la culture si répandue des prairies artificielles, les empêchements de toute sorte suscités par les propriétaires ou les fermiers, la vente des biens communaux, la tendance générale des esprits vers l'abolition de ces deux servitudes si funestes à l'agriculture, ont singulièrement modifié les usages anciens et les ont même abolis dans certains cantons.

Voici, du reste, les renseignements que nous avons pu recueillir :

Alençon (est et ouest.) D'après un usage ancien mais qui tend tous les jours à se perdre, chacun a le droit de conduire ses troupeaux sur toutes les terres non closes après l'enlèvement des récoltes, toutes les fois que le propriétaire ou fermier ne l'a pas défendu en plaçant un bouchon de paille au bout d'une perche enfoncée en terre. Ce signe d'interdiction, auquel on donne le nom de *sergent*, ne se rencontre presque plus dans les campagnes et cependant le parcours des bestiaux est bien moins fréquent qu'autrefois, par suite des prétentions qu'ont les propriétaires ou fermiers de disposer d'une manière absolue de leurs champs, même après la récolte, sous le titre ou la dénomination d'*étoubles*.

Carrouges. Le parcours et la vaine pâture n'existent pas dans ce canton.

Courtomer. La vaine pâture a lieu dans la commune de Godisson en vertu d'un arrêté du conseil municipal. Dans les autres communes du canton, elle s'exerce, tant sur les biens communaux que sur les biens particuliers, conformément aux articles précités de la Coutume de Normandie et à la loi de 1791. Il n'existe pas de droit de parcours de commune à commune.

Le Mesle-sur-Sarthe. La vaine pâture n'est abolie dans aucune des communes de ce canton. Les bestiaux sont conduits par troupeaux séparés et gardés à vue sur les terres qui y sont assujetties, deux ou trois jours après la récolte; mais comme il n'existe aucun réglement, chacun mène au pacage le nombre d'animaux qu'il lui plaît et là où il lui convient, ce qui plus d'une fois a fait naître des querelles entre les bergers.

Plusieurs propriétaires ou fermiers évitent que la vaine pâture ne s'exerce sur leurs terres en disposant l'assolement de façon à ce qu'elles soient constamment couvertes d'une récolte quelconque.

Seès. Il n'existe dans ce canton, nous a-t-on dit, aucun droit de vaine pâture ou parcours sur les biens particuliers. Dans quelques communes seulement, et notamment à Chailloué, les bruyères et terrains communaux sont l'objet de réglements municipaux qui déterminent la somme à payer par chaque habitant pour les bestiaux qu'il mène au pâturage. Au reste, ce n'est pas là ce qu'on appelle la vaine pâture proprement dite, dont le caractère est d'être essentiellement gratuite.

Malgré la réponse très-positive qu'on nous a faite, nous ne pouvons pas nous dispenser de mentionner l'existence fort ancienne d'un droit de parcours réciproque entre les communes de Seés et de la Chapelle.

Argentan. On se conforme dans ce canton à la Coutume de Normandie et à la loi de 1791. Les communes d'Argentan, Moulins-sur-Orne, Sai et Sarceaux, ont des réglements particuliers dressés par les conseils municipaux et approuvés par le préfet. Dans les communes où il n'en existe pas, on admet que chaque cultivateur peut conduire au pâturage trois moutons par acre (80 ares environ) de terre qu'il exploite. D'après l'usage, une mère et son agneau ne comptent que pour une tête, jusqu'à la Saint-Jean qui suit l'époque de la naissance.

Putanges. Nous n'avons rien pu recueillir de très-certain sur ce canton, il paraît toutefois que quatre communes sont soumises entre elles au droit de parcours, et que la vaine pâture s'exerce dans les autres conformément à la loi de 1791.

Trun. La plupart des communes de ce canton sont régies par des réglements municipaux.

Vimoutiers. Le droit de parcours n'existe pas

dans ce canton ; dans deux communes seulement, les terres non closes sont soumises à la vaine pâture. L'une d'elles, la commune du Sap, est régie par un réglement particulier.

La Ferté-Macé. Il n'y a pas d'usages dans ce canton sur le parcours et la vaine pâture, et, en conséquence, tout fermier peut se refuser, en vertu de l'art. 2 de la loi de 1791, à laisser pâturer les bestiaux d'autrui sur sa terre ; mais la vaine pâture s'exerce encore sur les biens communaux, ou plutôt ces biens sont livrés à un véritable pillage. Chacun y conduit le nombre de bestiaux qu'il veut, en enlève des terres et de la pierre, en dispose en un mot comme il l'entend.

Athis, Flers, Juvigni, Passais, Tinchebrai et *Nocé.* Le parcours et la vaine pâture ne sont pas en usage dans ces cantons.

Domfront. Là vaine pâture ne s'exerce que sur les biens communaux. Il n'existe pas de réglement.

Messei. Il n'y a plus que les biens communaux qui soient soumis à la vaine pâture. La commune de Saint-André-de-Messei est la seule qui ait un réglement.

Bazoches. Les communes de Saint-Aubin-de-Courteraie et de Soligni sont régies par des réglements particuliers. Les autres communes se conforment à la coutume de Normandie et à la loi de 1791.

Laigle. Les communes d'Aube et de Saint-Michel-la-Forêt sont les seules qui aient des règlements particuliers. Dans le reste du canton, on suit les prescriptions de la Coutume de Normandie et de la loi de 1791, sauf toutefois dans la commune de Beaufai, où il paraît que le droit de vaine pâture n'a jamais existé. C'est du moins ce qui résulte d'une enquête ouverte en 1830, pour reconnaître si ce droit réclamé par un certain nombre d'habitants, était fondé sur un titre ou sur un usage immémorial.

Longni. La vaine pâture ne s'exerce guère que sur les biens communaux; quelques cultivateurs tolèrent le pacage sur leurs fonds, mais on peut toujours l'empêcher, au moyen de liens de paille appelés *defens,* qu'on attache au bout d'un bâton fiché en terre. La jouissance des biens communaux n'est soumise à aucun règlement.

Moulins-la-Marche. Les communes de Fai, Ménil-Bérard, Moulins-la-Marche, Notre-Dame-d'Apres, Saint-Martin-des-Pézerits et Saint-Pierre-des-Loges, ont des règlements particuliers. Les autres communes du canton se conforment à la coutume de Normandie et à la loi de 1791.

Rémalard et le Theil. Le parcours et la vaine pâture, proprement dits, n'existent pas dans ces deux cantons. Dans quelques communes seulement, il y a des prairies soumises à la vaine pâture entre co-propriétaires.

Tourouvre. La vaine pâture s'est toujours maintenue dans ce canton, mais on ne l'exerce que dans les pays de plaines, et plutôt par une tolérance forcée qu'en vertu d'un droit ou d'un usage immémorial. Beaucoup de propriétés, en effet, sont enclavées de telle façon, que le cultivateur ne peut y conduire ses troupeaux sans passer sur le terrain des autres. De là, la nécessité, pour le plus grand nombre, d'obtenir et d'accorder le libre passage des troupeaux. Il n'existe, du reste, aucun réglement, et on ne se conforme pas même très-exactement à la loi de 1791.

Les biens communaux sont soumis à la vaine pâture.

Bellême et Pervenchères. Nous n'avons pu obtenir sur ces deux cantons de renseignements positifs.

§ X.

Du glanage, râtelage, chaumage, etc.

« Les glaneurs, les râteleurs et les grapilleurs, dans les lieux où *les usages*, de glâner, de râteler ou de grapiller sont reçus, n'entreront dans les champs, près et vignes récoltés et ouverts qu'après l'enlèvement entier des fruits.

Le glanage, le râtelage et le grapillage sont interdits dans tout enclos rural. » (Loi du 28 septembre — 6 octobre 1791, titre II. art. 21.)

« Ceux qui sans autres circonstances, auront glané, ou râtelé, ou grapillé dans les champs non encore entièrement dépouillés et vides de leurs récoltes, ou avant le lever, ou après le coucher du soleil, seront punis d'une amende de 1 fr., jusqu'à 5 fr. inclusivement. » (Loi du 28 avril 1832, art. 95.)

Le glanage et le râtelage consistent à ramasser à la main ou au râteau les épis tombés des gerbes ou laissés dans les champs après la moisson. Le chaumage, que la loi de 1791 n'a pas expressément maintenu, mais qu'elle n'a pas non plus aboli, est l'action d'arracher la portion de chaumage qui reste attachée à la terre après la coupe des grains. Le grapillage ne s'exerce que dans les vignes.

L'obligation de laisser les champs ouverts au glanage est fondée sur l'humanité et forme depuis un temps immémorial le droit commun de la France. Les anciennes ordonnances de

nos rois, et notamment celles de Saint-Louis
et de Henri II, les coutumes écrites et les arrêts
des parlements l'avaient également consacré ;
mais en autorisant le glanage, on a toujours
cherché à prévenir les abus qui pouvaient en
résulter. Une ordonnance du 2 novembre 1554
l'interdit « à tous autres qu'aux gens vieux et
débilités de membres, aux petits enfants et
aux gens qui n'ont pouvoir de scier, sous peine
d'être punis comme larrons. » Un arrêt du
parlement de Rouen du 20 juillet 1741, « fait
défense à toutes personnes qui sont en état de
travailler à la récolte, de glaner dans les champs,
sous quelque prétexte que ce puisse être, à
peine de prison ; permet aux seuls infirmes,
vieillards et enfants, de glaner ; ce qu'ils ne
pourront faire toutefois qu'en plein jour et
après que les gerbes auront été enlevées, à
peine d'être poursuivis et punis comme voleurs;
fait défense aux propriétaires, fermiers et
laboureurs, de glaner ou faire glaner par leurs
préposés, dans leurs champs après qu'ils auront enlevé leurs gerbes ; et à tous bergers,
porchers, vachers et autres, de mener leurs
bestiaux dans les terres moissonnées, plus tôt
que vingt-quatre heures après que les gerbes
auront été enlevées.

Ces prescriptions ont été maintenues en

partie par la loi de 1791 et par la jurisprudence. Le glanage est toujours restreint à la classe des vieillards, aux infirmes, aux femmes et aux enfants. Les maires peuvent à cet égard prendre les arrêtés qu'ils jugent nécessaires, pour faire tourner le bénéfice du glanage au profit des hommes qui en ont le plus besoin. (Merlin, *Répertoire*, verbo *Chaumage*.)

Le glanage et le râtelage ne s'exercent dans les champs qu'après l'enlèvement entier de la récolte. (Art. 21 de la loi de 1791.) Un arrêt de la cour de cassation, du 28 janvier 1820, autorise même les propriétaires à faire ramasser à leurs gens les épis épars, lorsque la récolte n'est pas complétement achevée. Cette décision modifie, comme on le voit, l'une des dispositions de l'arrêt du parlement de Rouen.

Enfin, la loi de 1791, en vue de protéger le glanage, défend aux pâtres par son art. 22, de mener aucuns troupeaux dans un champ moissonné et ouvert, si ce n'est deux jours après la récolte entière. Et, d'après deux arrêts de la cour de cassation, des 18 octobre 1817 et 16 novembre 1821, cette prohibition s'étend au propriétaire ou fermier.

Le glanage est toléré dans toute l'étendue du département de l'Orne, excepté dans le canton d'Athis, et n'engendre pas en général d'abus

bien graves. Cependant, pour quelques con-
trées, on nous a signalé des faits pour ainsi
dire passés en usage, sur lesquels nous appe-
lons toute l'attention de l'autorité locale. Ainsi,
dans les cantons de Courtomer et de Longni,
les glaneurs suivent le cultivateur pendant
qu'il enlève ses gerbes et ne lui donnent pas le
temps de ramasser les épis qui tombent ; et de
son côté le cultivateur fait paître ses moutons,
au moment même de l'enlèvement de la récolte, de manière à priver en grande partie les
malheureux du bénéfice du glanage. Dans les
cantons du Mesle et de Seès, les gens valides et
quelquefois des personnes ayant des moyens
d'existence, se livrent au glanage, au détriment
de ceux à qui la loi l'a réservé. Dans le canton
d'Argentan, le glanage commence presque toujours avant l'enlèvement entier des récoltes.

L'autorité municipale préviendrait ou atté-
nuerait au moins ces abus, en faisant connaître
à tous, par des arrêtés conformes aux principes
que nous avons exposés, quels sont leurs droits
et leurs devoirs. Le maire pourrait aussi dans
chaque commune délivrer aux infirmes et aux
vieillards des permissions spéciales ; ce serait
le meilleur moyen de leur conserver tout le
bénéfice du glanage.

Le râtelage et le chaumage ne sont pas tolérés dans le département.

Ici se termine notre tâche : nous l'avons remplie avec le plus de soin et d'exactitude possible, et autant que nous l'ont permis les renseignements qu'on nous a fournis. Si nous avons commis des erreurs ou fait des omissions, nous espérons qu'on nous tiendra compte des difficultés inséparables d'un travail de ce genre, et nous demandons instamment à tous ceux que ces matières intéressent, à MM. les Juges de paix surtout, de vouloir bien nous adresser leurs observations. Ce sera pour nous une preuve de l'utilité de cette publication.

ERRATUM. — Pag. 34, avant le dernier alinéa qui commence par les mots : Le droit de parcours, etc. :
« La quantité de bétail, proportionnellement à l'étendue du terrain, sera fixée dans chaque paroisse à tant de bêtes par arpent d'après les *réglements et usages locaux*, et, à défaut de documents positifs à cet égard, il y sera pourvu par le Conseil général de la commune (actuellement le conseil municipal) (*Idem*, art. 13.)

Alençon.— Imp. A. Lepage, rue du Collège, 8.— Juin 1880.